직장인의 말 연습

불쾌·상처·오해 없이 말하는 법
바로 써먹는 직장인 실전대화 150

직장인의 말연습

초판 1쇄 발행 2019년 9월 1일
초판 2쇄 발행 2020년 4월 8일

지은이 앨리슨 그린
옮긴이 신솔잎

책임편집 최보배
디자인 Aleph design

펴낸이 최현준·김소영
펴낸곳 빌리버튼
출판등록 제 2016-000166호
주소 서울시 마포구 양화로 15안길 3 201호(윤현빌딩)
전화 02-338-9271 ǀ **팩스** 02-338-9272
메일 contents@billybutton.co.kr

ISBN 979-11-88545-63-6 03320

이 도서의 국립중앙도서관 출판예정도서목록(CIP)은 서지정보유통지원시스템 홈페이지(http://seoji.nl.go.kr)와
국가자료공동목록시스템(http://www.nl.go.kr/kolisnet)에서 이용하실 수 있습니다.(CIP제어번호:CIP2019031170)

앨리슨 그린 지음
신솔잎 옮김

직장인의 말 연습

불쾌·상처·오해 없이
말하는 법

바로 써먹는
직장인 실전대화 150

빌리버튼
billybutton

회사에서 겪는 모든 문제 상황은 말로 해결할 수 있다

이 책 《직장인의 말연습》은 직장생활 Q&A 블로그 〈매니저에게 물어봐 Ask a Manager〉의 사연을 추려모아 만든 책이다. 나는 2007년부터 직장생활에 대한 조언을 전해주는 〈매니저에게 물어봐〉 블로그를 시작했다. 당시 비영리단체에서 임원으로 일하던 나는, 사람들이 잘못된 선택을 한 탓에 바라는 결과를 얻지 못하는 모습을 자주 보았다. 그때 나는 사람들이 자기 문제를 관리자 입장에서 바라볼 수 있으면 좋겠다고 생각했다. 그것이 〈매니저에게 물어봐〉 블로그를 시작한 계기였다.

나는 이력서 작성이나 연봉 협상, 새로운 상사에 적응하는 법 등 직장생활의 기본적인 문제에 대한 질문을 많이 받으리라고 예상했다. 그러나 막상 시작하고 나니 의외의 문의가 도착했다. 회사 사람들과 어떻게 대화해야 할지에 관한 문제를 내게 상담해올 거라고는 전혀 생각지 못했다.

예컨대 동료가 계속 문자를 보내올 때, 동료의 향수에 알레르기 반응이 날 때, 상사가 점심 도시락을 훔쳐 먹을 때(실화다) 과연 어떻게 말을 해야 할지 묻는 글이 대다수였다.

좌절하고 마음에 상처를 받고 심신이 너덜너덜해졌지만 어떻게 말을 해야 할지, 심지어 어떻게 대화를 시작해야 할지조차 모르는 사람들이 회사마다 가득했다. 어찌 말을 꺼내야 할지 몰라서 입을 꾹 다문 사람들의 상처는 점점 곪아 깊어지기만 할 뿐 아무런 문제도 해결되지 못했다.

〈매니저에게 물어봐〉 블로그(https://www.askamanager.org)에는 아주 일상적인 문제부터 정말 말도 안 되는 문제까지 다양한 직장 내 이슈에 대해 도움을 요청하는 편지가 하루에 60통 가까이 도착하기 때문에 나는 누구보다 현실을 잘 알고 있다.

한 가지 짚고 넘어가야 할 것은, 나도 완벽한 상사나 동료가 아니라는 점이다. 나도 수없이 많은 실수를 저질렀고, 모든 문제에 대한 해결책을 갖고 있는 것은 더더욱 아니다. 다만 10년 넘게 〈매니저에게 물어봐〉 블로그를 운영하며 직장에서 벌어지는 대인관계 문제만큼은 정말 넓고 다양하게 경험했고, 특히나 자신이 해야 할 말을 어떻게 전달하는지에 관해서는 정말 많이 생각하고 고민해왔다.

놀랍게도, 내게 도움을 요청하는 사람들에게 들려줄 수 있는 대부분의 해결책은 바로 '자기 의사를 표현하세요'였다. 문제를 해결하는 데는 대화만이 유일한 방법일 때가 많았다. 그러나 사람들이 이 해결책을 활용하지 못하는 이유는 무슨 말을 어떻게 해야 할지 전혀 모르기 때문이었다.

충분히 이해한다. 직장은 먹고사는 일이 직결된 장소이다 보니 매일 마주하는 동료들을 상대로 긴장감이나 불편한 분위기를 조성하고 싶지 않을 것이다. 직장생활의 질은 동료와 좋은 관계를 유지하는 것, 특히 당신의 업무를 정하고 다음 달에도 당신이 회사를 다닐 수 있을지 결정권을 쥐고 있는 상사와의 관계에 달려 있다. 그러니 위험 부담이 크다는 것은 이해한다.

그러나 당신이 말을 하지 않으면 위험은 더욱 커진다. 월급이 제때 들어오지 않는 심각한 문제에 대해 아무 말도 하지 않는다는 것은 곧 당신이 내야 할 고지서가 쌓인다는 의미다. 동료에게 음악 소리를 줄여달라거나, '미스Miss'로 부르지 말아달라고 부탁하는 것처럼 사소한 문제에 아무 말도 하지 않는다는 것은, 별 것 아닌 어색함이 싫다는 이유로 마땅히 나눠야 할 대화를 거부하는 것과 마찬가지다.

적대적이거나 공격적이지 않게, 그저 평온하고 담담하게 하고 싶은 말을 한다면 회사에서 쉽지 않은 문제도 품격 있게 헤쳐나갈 줄 아는 사람이 될 수 있다. 또한 자기 의사를 정당하게 밝힌다면 사람들과의 관계가 향상되어 직장생활의 질도 눈에 띄게 좋아진다(소신껏 발언하는 태도는 회사뿐 아니라 회사 밖 삶에서도 큰 이점으로 작용한다).

이때 '적대적이지 않게' 말하는 것이 포인트다. 아무 말도 하지 못해서 고통받는 사람들도 많지만, 자기 의사를 나쁜 방식으로 전달하는 사람들도 너무 많이 보았다. 흥분해서 너무 공격적으로 말하는 바람에, 완벽하게 이성적이고 타당한 메시지가 전달 과정에서 퇴색되고 마는 것이다.

이 책에서 나는 회사에서 마주하는 다양한 문제를 어떠한 화법으로 전달해야 하는지, 어떻게 말해야 자기 의사를 정확히 전달할 수 있는지 알려주려 한다.

1. 마술 지팡이는 없다.

많은 사람이 내게 하는 질문의 골자는 결국 '동료가 짜증스러운 행동을 하는데, 직접적으로 말하지 않고 문제를 해결할 수 있을까요?'다. 가령, 사무실에서 스피커폰으로 통화를 하거나, 막 퇴근하려는데 급한 일을 넘겨준다거나, 말을 할 때 침을 심하게 튀기는 동료가 있다고 하자. 짜증스러운 행동을 멈추게 하면서도 서로 어색해지지 않게 대화하고 싶을 것이다. 아쉽지만, 그런 마법 같은 일은 대부분 벌어지지 않는다.

물론 동료의 문제가 너무도 심각해서 당사자가 아니라 상사나 관리자, 인사팀에 직접 알려야 하는 경우도 가끔 있다. 그러나 이런 상황은 특이 케이스다. 누군가 이야기할 때 내 얼굴에 침을 튀긴다는 이유로 인사팀에 찾아가겠다는 사람은 없을 것이다. 회사 내 인간관계에 제대로 대처할 줄 모르는 사람으로 보이기도 하고, 결국 인사팀에서도 그 동료와 직접 얘기하라고 돌려보낼 테니까.

누군가 당신을 화나게 하고 성가시게 하는 행동을 하는데 그 행동을 멈추게 하고 싶다면, 상대방에게 직접 말하는 방법밖에 없다. 그러니 결정을 내려야 한다. 직접 의사를 밝히고 대화를 나누겠는가? 아니면, 어색한 대화를 너무 하기 싫어서 당신의 신경을 긁는 행동을 참아내겠는가? 당신이 택할 수 있는 옵션은 보통 이 두 가지다.

2. 사람들은 대부분 합리적이다.

대부분의 사람들은 자신의 행동이 상대방의 기분을 거스르는지 신경을 쓴다. 대부분의 상사들은 자신의 직원이 직장에서 고통받는지 알고 싶어 한다. 대부분의 사람들은 당신이 얘기 좀 하자고 해서 화를 내지 않을 것이고, 이 합리적인 사람들 눈에는 당신이 괴짜로 보이지도 않을 것이다.

솔직하게 말하면, 당신이 예상하는 것보다 훨씬 괜찮은 결과로 이어진다. 그러나 현실을 직시해야 한다. 어떤 경우에는 당신이 한 말 때문에 사무실에 긴장감이 감돌거나 분위기가 어색해질 수 있고, 상대방의 분노를 자극할 수도 있다. 충분히 벌어질 수 있는 일이다. 우리가 예상하는 것보다는 적지만 그래도 일어날 수 있는 결과다.

나는 이 책에서 이러한 불행한 결과가 적게 나올 수 있는 대화법을 알려주고자 한다. 물론, 우리 뜻대로만 되지 않을 것이고, 말이 안 통하는 멍청이를 몇몇 상대해야 할 때도 있겠지만 대부분의 경우 아주 잠깐만 어색함을 견디면 정상적인 상황으로 돌아갈 수 있다.

3. 관건은 화법이다.

말할 때의 어조와 대화를 이끌어나가는 방식이 결과에 지대한 영향을 미친다.

대화를 나눌 때는 침착하고 담담하며 협조적인 모습을 보여야 한다. 직장 동료와 업무에 관련한 문제를 해결할 때 쓰는 어조를 생각해보라. 이틀 밤을 뒤척인 끝에 겨우 말을 꺼낸 것처럼 보이지 않는 어조를 생각해보라. 그게 바로 우리가 목표로 삼는 화법이다.

이제 회사에서 마주치는 아주 까다롭고, 괴상하고, 미묘하고, 일상적인 문제를 헤쳐나갈 방법을 배워보자.

1부 | 상사와의 대화

: 스트레스 받지 않고 요령 있게 내 생각을 전달하는 법 :

2부 | 동료와의 대화

: 어색해지지 않게, 유쾌하게 일하는 법 :

3부 | 상사로서 직원과의 대화

: 친절하지만 단호하게 의사소통하는 법 :

1부 | 상사와의 대화

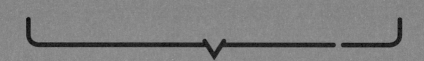

스트레스 받지 않고 요령 있게 내 생각을 전달하는 법

아무리 일상적인 대화라도 상사와 나누는 대화는 스트레스가 클 수밖에 없다. 불공평한 권력 관계 때문에 상사에게 지나치게 조심스러운 태도를 취하거나 말 걸기도 어렵게 느껴진다.

대부분의 경우, 상사를 왕족이나 끔찍한 괴물이 아닌 한 명의 평범한 인격체로 대한다면 대화로 최고의 결과를 이끌어낼 수 있다. 물론 막상 실천하려면 어렵겠지만, 그래도 도움이 될 만한 몇 가지 원칙을 소개한다.

☑ 지나치게 생각하지 않는다.

생각이 많아지면 불필요하게 스트레스와 불안함을 느끼고, 전달력이 훨씬 떨어진다. 이리저리 에둘러 말하거나, 불분명한 메시지만 전달하는 격식체를 쓰기도 한다. 그냥 직접적이고 정확하게 핵심만 전달하라.

☑ 에고는 잠시 접어둔다.

감정을 배제할수록 더욱 효과적으로 의사를 전달할 수 있다. 감정을 느껴서는 안 된다는 말이 아니라, 감정을 앞세워 대화를 하지 말라는 말이다. 가령, 상사가 당신의 업무에 비판적인 피드백을 주었을 때, 방어적인 태도를 보이거나 분노한다면 상사의 지침을 제대로 이해하고 따르기 어려워진다. 따라서 차분한 태도로 자세한 정보를 요청하고, 자신의 생각을 전달해야 한다. 그래야 '이렇게 하면 안 된다고 아무도 말 안 하던데요!' 식의 방어적인 대꾸보다 'X를 하면 나을까요?' 혹은 'Y로 인해 X라는 문제가 벌어진 것 같습니다. 제가 Z를 한번 시도해보고 문제가 해결될지 살펴보겠습니다'처럼 건설적인 대답을 할 수 있다.

☑ 컨설턴트처럼 접근한다.

부하직원과 상사의 관계는 동등한 동료라기보다는 부모와 자녀의 관계와 비슷할 때가 많은데, 그다지 좋은 현상은 아니다. 이런 관계를 피하려면 당신이 컨설턴트이고 상사는 고객이라고 생각해야 한다. 컨설턴트처럼 고객에게 독립적으로 서비스를 제공하는 태도를 유지할 때 '부모-자녀' 관계에서 벗어날 수 있다.

고객의 행복을 우선시하는 컨설턴트는 중요한 사안에서 고객의 만족을 끌어내지 못하면 극단적인 상황을 연출하지 않고 프로답게 자신의 길을 떠난다. 회사를 다니는 직원도 이와 마찬가지다. 단지 자신의 위치를 자주 잊을 뿐이다.

☑ '저는 이렇게 하고 싶어요'가 아니라 '회사 입장에서 무엇이 가장 적절하고 그 이유가 무엇인지' 설명해야 한다.

상사는 후자의 관점으로 문제에 접근할 것이기에 대화도 그렇게 시작하는 것이 현명하다.

☑ **아무리 생각해도 '내가 원하는 것이 X'라는 결론이 날 때는 솔직히 말해도 된다.**

상사와의 관계가 원만하고, 그간 신뢰를 쌓아왔다면(매번 '제가 X를 하고 싶어요'라고 말하지 않은 덕분에 쌓인 신뢰일 수도 있다), 한 번씩은 '별 문제 아닌 것 같지만, 너무 싫습니다. 죄송하지만 X를 시도해보면 안 될까요?' 혹은 'X는 제게 정말 큰 의미가 있습니다. X를 해볼 방법이 없을까요?' 등으로 말해도 된다. 훌륭한 상사라면 직원이 행복하길 바라므로, 직원을 행복하게 만드는 것이 무엇인지 아는 것도 상사에게는 중요한 정보가 된다.

☑ **상사가 갖고 있는 정보나 관점이 당신과 다를 수 있다는 것을 명심한다.**

민감한 대화를 할 경우, 상사가 당신보다 더 많은 정보를 갖고 있다는 사실을 반드시 기억해야 한다. 예컨대, 상사가 중요한 프로젝트에서 당신을 빼고 동료를 대신 투입했다면 '이 프로젝트를 빼앗겨서 정말 속상합니다'보다는 '제가 이 프로젝트에 참여하기 어려운 이유가 분명 있을 겁니다'로 대화를 시작하는 것이 좋다. 당신의 신뢰도가 높아지는 것은 물론, 상사를 궁지로 몰아 당신을 향해 방어적인 태도를 취하는 것도 막을 수 있다.

☑ **상황을 당장 바꾸기보다는 일정 기간 시험해보자고 요청하면 더 나은 결과를 얻어낼 수 있다.**

이렇게 하면 위험 부담도 낮추고 상사에게 유연한 태도도 끌어낼 수 있다. 가령, 목요일에 재택근무를 하고 싶은데 상사가 수긍하지 않을 때는 새로운 제도를 만들자고 하기보다는 다른 방법으로 접근해야 한다. '앞으로 3주간 시험적으로 실행해본 뒤 다시 얘기하면 어떨까요? 그동안 문제가 생긴다면 재택근무를 지속하지 않겠습니다'라고 말하는 식이다. 일터에서 자율성을 보장받거나 회의 형식을 바꾸는 등 새로운 시도를 제안할 때 항상 활용할 수 있는 방법이다.

1 | 상사가 제 업무 결과에 만족하지 못하는 것 같아요.

상사가 당신의 업무에 불만이 있다는 것이 분명하게 드러날 때도 있다. 비판적인 피드백을 주거나 직접적으로 우려를 표할 때다. 그러나 상사의 의도를 확실하게 파악하기 어려운 순간도 있다. 구체적으로 꼬집어 말하지는 않지만 상사에게서 불만족스럽다는 느낌을 받거나 상사가 당신을 비판하는 정도가 일반적인지, 아니면 걱정해야 할 수준인지 가늠하기 어려울 때다.

어떤 상황이든, 아무 말도 하지 않고 마음속으로 걱정만 하는 것은 최악의 대응이다. 괜히 말을 꺼내어 상황을 악화시킬 수도 있다는 생각이 들겠지만, 실제로 상사가 당신의 업무 성과를 걱정하고 있다면 현실을 정확히 파악하는 편이 훨씬 낫다. 상사의 피드백을 피한다면 자신의 부족한 점이 무엇인지 영영 깨닫지 못한다. 반대로 이런 경우도 있다. 상사는 당신의 업무 결과를 걱정하지 않는다. 그러나 당신은 상사의 마음을 모르기에 마음을 졸이며 걱정한다. 그러니 당신이 지금 무엇을 걱정하는지 털어놓고, 조언을 구해야 한다. 이때는 이렇게 말할 수 있다.

☞ 팀장님이 제가 X와 Y를 처리하는 방식을 염려하고 계신 것 같습니다. 만약 그렇다면, 팀장님께 상황을 설명하고 피드백을 구하고 싶습니다.

☞ 제가 오해하는 것일 수도 있지만, X프로젝트 결과에 실망하신 것 같습니다. 프로젝트에 어떤 문제가 있다고 생각하셨는지 여쭤도 될까요?

☞ 최근에 피드백을 주셨는데요, 제 직급에 있는 직원에게 일반적으로 그 정도의 피드백을 주시는 건지, 아니면 제가 팀장님의 기대에 못 미치는 것인지 알고 싶습니다.

☞ 전반적인 업무 평가에 대해 여쭙고 싶습니다. 제 업무에 대해 종합적인 피드백을 주실 수 있을까요?

---

2 | 처음에 하기로 했던 업무와 다른 일을 하고 있어요.

입사 했을 때와 상당히 다른 업무를 하고 있다면 반드시 이야기를 해야 한다.

첫째, 당신이 말하지 않으면 상사는 현재 상황을 인지조차 못 할 수 있다. 본인이 너무 바쁜 나머지 당신에게 어떤 일이 벌어지는지 정확히 파악하지 못하는 것이다.

둘째, 당신이 잠깐 다른 사람을 대신하고 있는지 살펴보고(당신의 본래 업무를 가르쳐야 할 사람이 너무 바쁘거나, 업무가 확정되기 전까지 일시적으로 당신이 다른 일을 하는 상황), 장기간 그 일을 해야 하는지 확인해야 한다.

　셋째, 처음 하기로 한 일이 아니라 다른 일을 하는 것이 납득하기 어렵다는 것을 분명히 밝혀야 한다. 밝히지 않아도 알 것이라고는 생각하지 말길 바란다.

대화는 이렇게 시작한다.

☞　입사하고 한 달간 데이터베이스 관리만 했습니다. 언제부터 회계 업무를 하게 될까요? 톰이 퇴사한 후 모두 다 힘들다는 것을 잘 알기 때문에 데이터베이스 관리 일도 기꺼이 돕고자 했지만, 제가 해야 할 회계 업무에 집중하고 싶습니다.

만약 상사가 "지금 당장은 그렇게 할 수 없다"라고 답한다면 이렇게 말한다.

☞　현재 업무 상황을 말씀드리고 싶습니다. 제가 처음 입사를 결정할 때만 해도 데이터베이스 업무를 집중적으로 하게 될 거라고 생각하지 않았습니다. 더욱이 이 업무는 저의 본래 업무가 아닙니다.

대화를 통해 상사가 다른 계획을 세워야 한다는 것을 깨닫는다면 문제는 해결된 것이나 다름없다. 그러나 "상황이 이렇게 되어 유감스럽지만, 이제는 당신이 그 업무를 맡아서 해주어야 합니다"라는 말을 들을 수도 있다. 그렇다면 이전과 다른 조건의 업무를 받아들일 것인지 결정해야 할 때다. 말도 안 되는 상황이지만 현재 당신에게 닥친 현실이기도 하니, 어떻게 할지 일찌감치 마음을 정하는 편이 낫다.

---

3 | 동료의 일처리가 마음에 들지 않아서 상사에게 말하고 싶어요.

업무 능력이 떨어지는 동료가 있다고 가정해보자. 실수가 잦거나, 고객의 전화에 제때 응답하지 않아 고객이 결국 당신에게 처리해달라고 요청하거나, 합동 프로젝트를 진행할 때 매번 본인이 맡은 업무를 늦게 마무리하는 식이다.

당신이 업무를 하는 데 크게 영향을 미치지 않는다면, 동료에게 군이 따지지 않는 편이 좋다고 조언하는 사람들이 많을 것이다. 사소한 문제라면 그 말이 맞기도 하다. 그러나 사안이 중대하고, 동료가 팀이나 조직에 나쁜 영향을 끼치고 있다면 얘기가 다르다. 훌륭한 상사라면 당신이 현 상황에 신중하게 우려를 표하는 것을 감사히 여길 것이다.

물론, 중요한 것은 '중대한 사안이어야 한다'는 점이다. 동료가 항상 2분씩 지각을 하는 것은 중대하다 볼 수 없지만, 고객의 전화에 단 한 번도 응답한 적 없다는 불만사항이 접수되면 그것은 큰 문제다. 상사에게 가기 전에 '동료의 행동이 업무에 어떤 영향을, 얼마나 끼치는가?'라고 다시 한 번 생각해볼 필요가 있다. 단순히 짜증을 불러일으키는 것을 넘어 업무에 차질을 빚는 경우, 훌륭한 상사라면 현 상황을 알고 싶어할 것이다. 동료 때문에 당신이 일하는 데 피해가 가는 상황이라면 반드시 상사에게 말해야 한다.

상사에게 전달할 때는 '사실' 위주로 말해야 한다. 무슨 일이 벌어지고 있는지, 어떤 피해를 입고 있는지, 상사가 이 문제를 어떻게 처리해주었으면 하는지 설명한다. 가령, 동료가 마감기한을 어기는 바람에 당신도 피해를 보고 있다면 이렇게 말한다.

☞ 팀장님, 최근에 테드가 마감기한을 앞두고 일을 늦게 처리하는 바람에 제가 늦게까지 야근을 한 적이 몇 번 있습니다. 조금 서둘러달라고 부탁했지만 별다른 변화가 없었습니다. 테드가 마감기한을 지키도록 조치를 취해주시겠습니까?

동료와의 문제를 상사에게 우회적으로 고하고 싶다면 조언이 필요한 것처럼 말을 꺼낸다. 불평을 하지 않고 상사에게 문제가 있음을 알릴 수 있는 방법이다.

☞ 팀장님께 조언을 구하고 싶은데요. 고객들이 테드에게 메시지를 남겼지만 아무런 피드백도 듣지 못한다는 전화를 많이 받고 있습니다. 며칠간 회신을 기

다리다 제게 전화를 해 문의하는 경우가 종종 있는데, 제가 세부사항을 잘 몰라 도와주기 어려울 때가 있습니다. 테드와 얘기를 나눠봤지만 문제가 아직 해결되지 않고 있습니다. 어떻게 하면 될까요?

동료의 문제가 당신에게 직접적인 피해를 끼치지는 않지만, 그럼에도 상사에게 알려야 할 만큼 중요하다고 생각된다면 이렇게 말한다.

☞ 　테드가 고객들에게 잘못된 정보를 전달하는 것을 들은 적이 있습니다. 잘못된 웹사이트 주소를 알려준다든가, 회사 정책상 신용카드는 받지 않는다고 공지하는 식입니다. 그때마다 제가 정보를 바로잡기는 하지만, 테드가 회사의 기본 정책을 전화로 응대하는 방법에 대해 트레이닝이 필요할 것 같습니다(여기서 중요한 것은 '테드에게 따끔한 맛을 보여줘야 합니다'가 아니라 '바로잡아야 할 업무 문제가 있습니다'라는 톤으로 접근해야 한다는 점이다).

한편, 대부분의 경우 먼저 당사자인 동료에게 직접 이야기를 하는 것이 좋다. 일반적으로는 상사가 관여하기 전에 스스로 문제를 해결할 수 있는 기회를 얻은 것을 감사하게 생각한다. 그러나 이미 동료와 이야기를 나누었지만 큰 소득이 없었거나, 상사에게 알려야 하는 중대한 사안이라거나, 적대적인 태도를 유지하는 동료라면 앞서 말한 말하기 예시를 적극적으로 활용해 상사와 대화를 나누어야 한다.

----

4 | 상사가 퇴근 후나 주말에도 업무 연락을 해요.

상사가 평일 저녁 시간이나 주말에 그리 급하지 않은 업무로 전화를 하거나 이메일을 보내는 일이 잦다면, 상사가 분명 당신의 회신을 기다리고 있다는 생각을 떨치기 어렵다. 그러나 선을 그어 상사의 요구를 슬쩍 밀어내면서 자기 시간을 확보하려고 노력해야 한다. 상사가 끈질기게 연락할 수도 있다. 그러나 태도를 꾸준히 유지한다면, 업무 외 시간에도 연락이 되기를 원하는 상사의 기대 심리를 조금씩 낮출 수 있다.

우선 상사의 의도를 곡해하지 않는 것이 중요하다. 만약 밤늦게나 주말에 상사의 이메일을 받았다면, 아마도 상사는 회신을 당장 바라지 않을 확률이 상당히 높다. 업무를 하다가 단순히 몇 가지 궁금한 점이 있어서 메일을 보내두었을 뿐, 지금 당장 답변을 요구하는 게 아닐 수도 있다.

따라서 먼저 상사의 의도를 확인해야 한다.

☞ 아주 급한 일이 아니라면, 회사에 출근해서 답변을 드리고 싶습니다. 만약 당장 처리해야 할 문제라면 말씀해주세요.

그러나 상사가 저녁이나 주말에 회신을 바란다는 의사 표현을 분명하게 할 때는 이렇게 말한다.

☞ 회사 일을 잠시 잊고 재충전하는 시간이 제게는 무척 중요합니다. 주말에는 핸드폰을 꺼두기도 하고, 이메일을 확인하지 못할 때도 있습니다. 급한 일이라면 당연히 하겠지만, 그렇지 않으면 출근해서 처리하고 싶습니다. 당분간 그렇게 해보고 변화가 필요하면 그때 다시 이야기해도 될까요?

만약 상사가 꼭 연락해달라고 확고한 자세를 취한다면, 이런 환경에서 업무를 계속할 수 있을지 진지하게 고민해야 한다. 그러나 대부분은 상사와 대화를 나누면서 생각보다 유연하게 상황을 풀어갈 여지가 있다는 것을 깨닫게 될 것이다.

TIP

상사와 대화할 때 유용한 4가지 화법

상사와 대화를 나눌 때 활용하면 좋을 몇 가지 대화법이 있다.

☞ "그렇게 진행해도 되지만, X가 문제가 될 수도 있다는 점은 말씀드리고 싶습니다."
상사가 당신에게 어떤 일을 요구했지만 당신 생각에는 그다지 좋은 방법이 아닐 경우, 이렇게 말하면 상사에게 대드는 것처럼 보이지 않는다. 상사가 바라는 대로 할 용의가 있다는 점을 분명히 밝히면서도 새로운 관점을 제시하는 화법이다.

☞ **"말씀하신 내용을 제가 정확히 이해했는지 다시 확인하고 싶습니다."**

상사의 요청을 이해하지 못했거나, 문제가 있다고 느낀다면 직접 물어야 한다. 당시에는 물어볼 생각을 하지 못했더라도 나중에라도 확인하는 편이 좋다. 사실 직원이 물어보기를 바라는 상사들이 많다. 그래야 메시지가 명확히 전달되었는지 확인할 수 있기 때문이다.

☞ **"알려주셔서 고맙습니다. 큰 도움이 되었습니다."**

상사가 피드백을 전달했을 때 귀담아듣는 모습을 보인다면, 상사는 앞으로도 당신에게 피드백을 계속 주고 싶어할 것이다. 더불어 당신을 두고 함께 일하기 좋은 직원이라고 생각할 것이다.

☞ **"그러니까 방금 하신 말씀을 정리하면 이런 말이지요?"**

당신이 일을 한참 진행한 후에야 상사가 중요한 세부사항을 뒤늦게 말해준다거나, 당신이 이해하는 바와 상사의 의도가 다르다는 것을 몇 번 경험했다면 반드시 물어야 할 질문이다. 상사와의 대화를 간략하게 요약해서 이야기한다면 설령

> 서로 이해하는 바가 다르다고 해도 그 자리에서 바로 잡을
> 수 있다.

5 | 회사에서 제가 할 일이 없습니다.

직장에서 할 일이 없어 걱정이라는 사연을 놀랄 정도로 많이 받았다. 업무에 치여 바쁜 사람들에게는 꿈같은 이야기지만, 실제로 할 일이 없다면 끔찍한 지루함과 불안함에 사로잡힌다.

당신이 맡은 업무가 많지 않다면, 그리고 입사한 지 6개월 미만이라면, 상사가 아직 당신의 업무 역량을 제대로 파악하지 못했거나, 당신이 새로운 프로젝트를 위해 받아야 할 트레이닝이 늦어지는 상황일 것이다. 그렇다면 이렇게 말해보자.

☞　업무량 관련해서 말씀드리고 싶습니다. 제 업무를 처리하는 데 오래 걸리지 않아요. 일을 더 주셨으면 좋겠는데요, 제가 참여할 수 있는 프로젝트가 있을까요?

신입 직원이 아니어도 이렇게 말할 수 있지만, 회사에 오래 재직 중이라면 자신이 할 수 있는 업무를 구체적으로 제안할 입장이기도 하다. 당신이 참여하고 싶고 또 조직에게도 도움이 될 만한 프로젝트 목록을 작성해 제시하는 것도 한 방법이다. 프로젝트 목록을 보여주며 상사에게 이렇게 말한다.

☞　　제 업무를 모두 처리하고도 여유가 있어 다른 업무를 더 맡고 싶습니다. 이 목록들 가운데 몇 가지 혹은 전부를 해도 될까요?

어떻게 말해도 별다른 대책 없이 여전히 지루함을 견디고 있다면, 상사에게 바쁘지 않을 때는 다른 일을 해도 되는지 허락을 구하는 방법도 있다. '다른 일'이라고 해도 자기계발이나 업무 관련 도서를 읽는 등 명목상으로는 업무에 관련된 일이어야 한다. 그래야 상사도 수용하기가 쉽다. 당신이 다른 일을 하고 있는 것을 다른 직원들이나 외부 사람들이 알게 되어도 상사가 난처해지지 않는다. 이런 질문은 직접적으로 하는 편이 낫다.

☞　　업무가 한가할 때에는 업무 관련 블로그를 방문하거나, 자바Java를 배우거나, 업무 관련 도서를 읽어도 될까요?

SNS나 모바일 게임을 하는 것보다 시간을 현명하게 쓰는 방법이고, 상사도 당신이 미리 허락을 구하는 점을 고맙게 생각할 것이다.

6 | 지금 하는 일보다 더 비중 있고 책임이 큰 일을 하고 싶습니다.

현재 직책에서 스스로 가치를 입증했다는 확신이 있고, 더 큰 책임을 맡고 싶다면 어떤 일을 하고 싶은지 구체적으로 말해야 승산이 높다. 관리직 경험을 쌓고 싶은가? 회사의 온라인 마케팅 방식을 전면적으로 손보고 싶은가? 조직 내 자원봉사 프로그램을 만들고 싶은가? 자신의 목표가 무엇이든 세부사항을 꼼꼼히 계획한 뒤(현재 자신의 업무와 어떻게 연계할지 생각해본 뒤) 이렇게 말하면 된다.

☞ 저는 인사 업무에 관심이 많은데 제가 할 수 있는 일이 있는지 궁금합니다. 직원 채용 과정에서 지원자들의 이력서를 일차적으로 가려내는 업무도 좋고, 신입 직원과 1차 전화 인터뷰를 하게 해주셔도 좋습니다. 월간보고 업무를 자동화한 터라, 현재 제 업무에 더불어 채용 업무를 함께할 여유가 충분합니다. 한번 고려해주실 수 있으신지요?

☞ 팀장님이 지난달에 자리를 비우셨을 때 제가 신입 사원 두 명의 트레이닝을 진행했는데, 직무를 설명하고 신입 사원의 질문에 대답하는 일이 즐거웠습니다. 이런 업무를 더 해보고 싶습니다. 우선 바쁘실 때 제가 조금씩 돕는 것부터 시작하면 어떨지요?

만약 상사가 거절한다 해도 혹 나중에라도 방법이 있을지 물어보기를 꺼려선 안 된다.

👉 제가 그 분야에 관심이 정말 많아서요. 나중에 그 업무를 하기 위해서는 어떤 준비가 필요한지 조언을 청하고 싶습니다.

 독자 사연

상사가 단순 업무를 반복해서 설명합니다

대학 행정실에서 1년 반째 일하고 있습니다. 한 달에 두 번, 무료로 소규모 창업 카운슬링을 진행하고 있어요. 그런데 카운슬링 프로그램 책임자는 행사가 열릴 때마다 매번 제가 고객을 어떻게 응대해야 하는지 설명합니다. '서류를 복사해라, 체크리스트를 확인해라' 같이 아주 간단한 일들을요. 단순하기 그지없는 업무를 매번 반복해서 설명할 때마다 제 지적 능력을 의심하는 것 같은 기분이 듭니다.

책임자는 연세가 많아서(60~70대) 25세인 저와 나이 차이도 많이 납니다. 그분이 저를 어린아이처럼 생각하시는 것 같아요. '제 할 일은 저도 잘 알고 있다'는 말을 좀 듣기 좋게 하는 방법이 있을까요?

이렇게 말해보세요.

"카운슬링을 진행할 때마다 설명해주시는데, 혹시 제가 어떤 실수를 했거나, 무언가를 잘못했기 때문에 그러시는 건가요?"

비꼬듯 말해선 안 됩니다. 진심으로 걱정하는 것처럼 물어야 해요. 이렇게 말하면 당신이 무엇을 해야 할지 잘 알고 있고, 이제는 매번 같은 사항을 반복해 말해주지 않아도 된다는 것이 충분히 전달될 겁니다. 어쩌면 당신이 깨닫지 못했을 뿐 어떠한 문제가 있어 그분이 우려하고 있고, 역시 우회적으로 당신에게 전달하고 있음을 깨닫는 계기가 될 수도 있죠.

만약 누군가 당신에게 잘난 체를 하거나, 당신을 신뢰하지 못한다는 뉘앙스를 풍기거나, 지나칠 정도로 사사건건 관여하려고 들 때, 그 사유가 본인에게 있는지 진심으로 걱정하는 모습을 보이며 되묻는 것이 현명한 접근법이에요. 문제의 핵심을 직접적으로 언급하면서도 공격적이지 않게 대화를 이끌어나가는 방식이죠.

만약 문제가 해결되지 않는다면, 그때는 이렇게 말하세요.

"이제는 진행 상황 전반을 잘 알게 되었고, 팀장님께서 제게 같은 말을 반복하시느라 시간을 뺏기는 것 같아 죄송하기도 합니다. 이제부터는 제가 책임지고 처리하되 필요할 때만 팀장님께 확인을 구하면 어떨까요?"

이렇게 말해도 상대방이 물러서지 않는다면, 이제는 그분이 이상

할 정도로 신경을 곤두세우고 있다는 것을 인정하고 매달 두 번씩,

아주 기본적인 사항을 교육받는 것에 익숙해져야 할 것 같아요.

7 | 상사가 말도 안 되는 마감 일정을 정합니다.

마감 일정이 말도 안 된다는 생각이 들 때면 상사에게 이야기해야 한다. 대화를 나누다 보면, 마감기한이 절대적이지 않거나 무리한 일정임을 깨닫고 순순히 일정을 연기해줄 수도 있다. 혹은 상사와 대화를 하면서 다른 전략을 고려해볼 수도 있고, 프로젝트 중 일부 업무만 마감 내에 처리하면 된다는 피드백을 들을 수도 있다.

가장 좋은 화법은 기한 내에 자신이 무엇을 할 수 있고, 업무를 마무리하는 데 얼마의 시간이 필요할지 구체적으로 설명하는 것이다.

☞ 샘플은 사흘 내로 완성되는데, 테스트까지 하기에는 시간이 부족할 것 같습니다. 월요일까지는 테스트를 완료할 수 있습니다. 그렇게 해도 될까요?

☞ 이 업무를 목요일까지 마치려면 다른 업무는 미뤄야 합니다. 그렇게 되면 X와

Y를 다음 주에 처리해야 하는데, 괜찮은지요?

만약 상사가 안 된다고 한다면? 일정 변동 없이 기한을 지켜야 하고 다른 업무도 미룰 수 없는 상황이라면 어떻게 해야 할까? 아무리 생각해도 불가능한 일정이라면 이렇게 말해보자.

☞ 마감기한이 중요하다는 점은 이해했습니다. 제가 할 수 있는 최선을 다하겠지만, 솔직히 말씀드려 X와 Y 업무는 시간이 더욱 필요할 것 같습니다. 하루 정도 더 노력해보고 다시 보고하겠습니다.

8 | 일이 너무 많아요.

상사는 회사에서 일어나는 모든 일을 다 알고 있을 거라 생각한다. 그러나 개인의 업무량을 당사자만큼 잘 이해하고 신경 쓰는 사람은 없다. 대다수의 상사는 일이 부담스러운 정도라면 부하직원이 자신에게 와서 말할 것이라고 생각하기 때문에 당신이 아무 말도 하지 않으면 별 문제가 없다고 여긴다.

예전에 한 번, 내가 도리어 갖은 애를 써서 직원에게서 일이 너무 많다는 실토를 받아낸 적이 있다. 그가 이끌던 팀은 여러 달 동안 지나치게 많은 프로젝트를 진행하고 있어서 제때 마감을 지키지 못했고 일도 줄줄이 밀려 있었지만, 다른 사람들에게 이 사실을 알리지 않았다. 위에서 계속 새로운 프로젝트를 주는 이유가 자신의 팀이 충분히 소화하리라고 믿기 때문이라고 생각한 탓이었다. 그의 말에 충격을 받은 나는 그의 팀에 주어진 업무량을 대폭 줄였다. 내가 직접 말을 꺼내고 설득하기 전까지 그는 절대로 이야기하지 않을 생각이었다.

당신의 상사에게 반드시 이야기해야 한다. 몇 가지 대안을 제시해 업무량을 조정해달라고 요청하면 효과적이다.

☞ A와 B는 할 수 있지만 C는 어렵습니다. C가 정말 중요하다면, A 업무를 미루고 C를 진행할 수 있습니다. 만약 켈리가 C를 맡는다면 제가 일정 부분 도울 수 있지만, 저 혼자 A와 B를 하면서 동시에 C까지 진행하기는 힘듭니다.

상식적인 상사라면 상황을 조정하기 위해 노력할 것이다. 만약 상사가 아무 제안도 허용하지 않는다면 이렇게 말해야 한다.

☞ 일정 내에 완수해야 한다는 말씀은 이해했지만, 현실적으로 모든 일을 다 하기에는 시간이 부족합니다. 우선 처리해야 할 일부터 하고, 가장 중요한 업무에 집중하고자 합니다. 우선순위가 정해지지 않으면 정말 해야 할 일을 하지 못하는 상황이 될 수도 있어서요.

만약 생각을 정리할 수 없을 정도로 일이 밀려들어 상사에게 다른 방향을 제시할 여유마저 없다면 이렇게 말한다. 이때 가장 중요한 것은 솔직함이다.

☞ 일이 너무 많아서 스트레스를 받습니다. 이렇게 계속 가다간 머지않아 업무에 지장을 줄 것 같습니다. 제가 소화할 수 있을 만큼 업무량을 조정할 수 있을까요?

9 | 마감기한을 지키지 못할 것 같아요.

마감을 지키지 못할 것 같다면, 가능한 빨리 말하는 것이 좋다. 약속된 기한을 넘긴 후 뒤늦게 알리는 것은 당연히 안 되고, 마감 직전에 밝히는 것도 너무 늦다. 마감기한에 임박할수록 상사가 대책을 세울 여유가 적어지기 때문에 늦게 말할수록 상황은 더욱 곤란해진다. 상사가 상황을 미리 안다면, 다른 사람들에게 도움을 요청하거나 다른 중요한 일정을 조정할 수도 있고, 업무에 관련한 관계자들에게 먼저 공지를 할 여유가 생긴다. 마감기한 직전까지 최대한 버티다가 보고한다면 위에 언급한 조치를 취할 수 없게 된다.

약속한 일정을 지키지 못할 것 같으면 되도록 빨리 밝혀야 한다.

☞   아무래도 일정을 맞추지 못할 것 같습니다. 이번 주 안으로 완성해야 하는데 이제 리서치를 마치고 초고를 작성하는 단계입니다. 내일은 하루 종일 전략 미팅이 잡혀 있고, 미팅 이후에는 관련 업무를 처리해야 해서 시간이 부족합니다.

가능하면 대안을 제시한다.

☞   다음 주 화요일까지는 완성할 수 있지만, 마감기한보다 이틀이 지난 상태입니다. 내일 미팅에 제가 참석하는 편이 좋겠지만, 만약 참여하지 않아도 된다면 마감기한 내에 완료할 수 있을 듯싶습니다. 어떻게 하는 편이 나을까요?

---

10 | 마감기한을 지키지 못하고 넘겨버렸어요.

상사에게 미리 이야기하지도 못했고, 이미 일정도 어긴 상황이라면, 어떻게 해야 할까?

중대한 실수를 저지른 것이므로, 자신의 잘못을 인정하는 모습을 보여야 한다. 상사에게는 프로젝트 기한을 지키지 못한 것보다 앞으로 당신을 신뢰할 수 있을지가 더욱 중요한 문제다. 따라서 다시는 같은 실수가 반복되지 않을 거라는 메시지를 전달해야 한다.

☞ 기한을 어겨 진심으로 죄송합니다. 기한 내에 완성할 수 있을 거라고 예상했지만 제가 제대로 시간을 활용하지 못했습니다. 미리 말씀드렸어야 했는데 놓쳤습니다. 정말 죄송합니다. 앞으로는 팀장님께 미리 보고 드리겠습니다. 앞으로는 이런 프로젝트를 진행할 때 시간을 잘 안배하여, 제가 미처 생각지 못한 상황이 발생해도 기한 내에 완료할 수 있도록 하겠습니다.

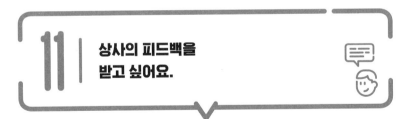

11 | 상사의 피드백을 받고 싶어요.

싫은 소리가 오가지 않는 평온한 환경에서 업무를 하는 것이 좋을 것 같지만, 현실에서는 결코 그렇지 않다. 아무런 피드백도 듣지 못한다면 적어도 본인의 업무에 어떠한 문제가 있는지, 어떤 점을 개선해야 하는지 깨달을 수 없다. 업무로 무엇을 성취하고, 무엇을 놓치고 있는지는 물론 직장 내 다른 사람들이 당신을 어떻게 생각하고 있는지도 알 수 없다. 최악의 경우, 상사가 당신의 업무에 큰 불만을 갖고 있는데도 당신은 바로잡을 시기를 놓쳐버릴 수도 있다.

주기적으로 피드백을 요청해야 한다. 상사가 당신의 업무 역량을 어떻게 판단하고 있는지 알아두는 것이 좋다. 상사가 당신에게 불만이 있다는 사실을 전혀 모르는 것은 어떤 경우에도 좋지 않다.

그러나 상사가 당신에게 피드백을 주지 않는다면 어떻게 해야 할까? 상사의 임무 중 하나임에도 이상할 정도로 많은 상사들이 부하직원에게 피드백을 아낀다. 그러나 당신이 상사에게 피드백을 요청한다면 대부분은 기꺼이 자신의 생각을 알려주고자 할 것이다.

상사의 의견을 요청할 때는 이렇게 말해보자.

☞ 팀장님, 제가 업무를 잘 수행하고 있는지요. 무엇을 개선하면 좋을지 알려주시길 부탁드립니다. 업무 성과를 올리고 더 효율적으로 일할 수 있는 방법에 대해 의견을 듣고 싶습니다.

만약 상사의 답변이 모호하거나 그다지 구체적이지 않다면("큰 문제 없네!") 이렇게 묻는다.

☞ 제가 고쳐야 할 점을 한 가지 꼽자면 어떤 부분일까요?

상사가 전반적인 업무 수행 능력에 대해 말하는 것을 어려워한다면, 개별적 업무에 대한 피드백을 요청한다. 최근에 진행한 프로젝트나 당신의 업무 가운데 몇 가지 구체적인 사항을 꼽아 물어본다.

☞ 지난번에 끝낸 프로젝트에서 어떤 부분을 개선해야 더욱 나은 성과를 얻을 수 있을지 여쭤도 될까요?

☞ 제가 하는 방식이 최선인지 잘 모르겠습니다. 전반적인 상황을 보고 드리고 보완할 부분이 있는지 의견을 여쭤도 될까요?

☞ 다음주에 열릴 교육위원회 미팅 진행 방식에 대해 팀장님의 생각을 여쭤도 될까요?

---

12 | 상황이 악화되기 전에 즉각적으로 피드백을 듣고 싶어요.

문제가 심각해짐에도 본인만 모르는 상황을 피하기 위해선 상사에게서 정기적으로 피드백을 받는 것이 좋다. 보통 직원들에게 피드백을 잘 하지 않는 상사는 되돌리기 어려운 지경까지 문제를 묵혀두는 성향이 짙다.

만약 당신에게 이런 상황이 벌어진다면, 앞으로는 상사에게 자주, 그리고 즉각적으로 피드백을 요청하길 바란다. 상사를 원망하는 것처럼 보여선 안 되지만, 이 정도는 말할 수 있다.

☞ 이 문제에 관해 알려주셔서 정말 감사합니다. 혹시 앞으로도 이런 상황이 생긴다면 조금 더 일찍 말씀해주실 수 있을까요? 문제가 있을 때 바로 알려주신다면 즉시 고치도록 노력하겠습니다.

피드백을 아끼는 상사는 대부분 다른 사람들에게 싫은 소리를 하거나, 어색한 대화를 나누고 싶지 않아서인 경우가 많으므로, 위의 예시처럼 말하는 것이 좋다. 당신이 이런 대화를 원한다는 것을 상사에게 분명히 밝힌다면 상사도 조금 더 편하게 말을 할 수 있다.

---

13 | 상사가 해준 피드백에 동의하기가 어렵습니다.

결국 당신의 업무를 평가하는 사람은 상사다. 그러나 상사의 판단을 바꿀 만한 정보가 있거나, 상사가 이 상황을 다른 관점에서 바라봐야 한다는 생각이 강하게 들 때도 있다. 그럴 때는 "무슨 말씀인지 이해했습니다. 저는 X라고 판단했는데, 제가 잘못 생각한 것일까요?"라는 화법으로 접근하는 편이 안전하다.

예컨대, 고객 전화에 응답하는 것을 상사가 가장 중요시한다고 이해하고 업무에 차등을 두었지만, 동료들이 필요할 때 업무 협조를 바로 하지 않는다고 상사가 지적한다면 이렇게 말할 수 있다.

☞ 무슨 말씀인지 알겠습니다. 다만 회사 내부 일보다 고객 전화를 최우선시하는 것이 옳다고 여겼습니다. 제가 잘못 생각한 것인지요?

상사와 논쟁을 벌인다는 태도를 버리는 것이 중요하다. 당신은 그저 자기 생각을 밝히고, 상황을 달리 바라봐야 하는지 순수한 마음으로 묻는 것뿐이다. 상사가 당신이 잘못했다는 피드백을 줄 수도 있지만(어쩌면 당신이 보지 못한 것이 있을 수도 있다), 당신의 말을 들은 후 상사의 생각이 바뀔 수도 있다.

물론 피드백을 들을 때마다 반발하며 되물어선 안 된다. 만약 이런 일이 자주 벌어진다면, 당신의 업무에 대해 상사와 당신 간에는 좁히기 어려운 차이가 있다는 의미이며, 지금 당신이 하는 일이나 상사가 당신과 맞는지 되돌아볼 필요가 있다.

14 │ 업무를 처리하는 데 상사가 걸림돌이 될 때가 많습니다.

상사가 필요한 정보를 늦게 준다든가 승인을 해주지 않는 등 업무 흐름에 방해가 되지만, 상사 스스로는 인지하지 못했을 경우도 있다.

상사에게 어떤 점이 문제가 되는지 말하고, 업무 효율을 높이기 위해 당신이 할 수 있는 일을 확인해야 한다.

☞ 검토하실 업무가 많을 줄 압니다. 제가 보고한 일을 조금 더 빨리 살펴보시도록 제가 할 일은 없을까요? 최근에 팀장님의 승인을 기다리다가 업무 마감을 지키지 못한 적이 몇 번 있는데, 미팅 때 제가 서류를 제출한다면 바로 보실 수 있으니 업무를 처리하시는 데 조금 수월하지 않을까요? 혹은 몇 가지 업무는 제 선에서 처리해도 될까요?

상사가 빨리 일 처리를 하지 않아서 불만인 것처럼 보여서는 안 된다. '우리 둘 모두를 위해 내 선에서 할 수 있는 일이 있는지 알고 싶다'는 식으로 접근해야 한다. 혹은 업무를 상사에게 전달하는 때 언급하는 방법도 있다.

☞ 화요일까지 컨펌해주셔야 일정을 지킬 수 있습니다.

월요일에도 상사에게서 소식을 듣지 못한다면, 이렇게 말한다.

☞   일정에 맞추려면 오늘 중으로 말씀해주셔야 합니다.

당신이 할 수 있는 조치를 모두 취했음에도 상황이 나아질 기미가 없다면 상사에게 훨씬 중요하고 급한 업무가 많은 탓일 수도 있다. 그렇다면 대화의 방향을 달리해야 한다.

☞   해당 보고서를 검토하는 것 외에도 살펴보실 일이 상당히 많아 빨리 처리해주시기 어렵다는 점 잘 알고 있습니다. 일정이 연기될 수밖에 없는 상황이니 일정을 조정하는 편이 낫지 않을까요?

상사와 당신 모두 상황을 인정하고, 어떻게든 일정을 맞추기 위해 당신 혼자 발을 동동 구르는 상황에서 벗어날 기회로 삼는다.

- -

15 | 상사가 항상 미팅에 늦어요.

상사와 미팅을 하려고 다른 미팅과 프로젝트를 미루었지만, 상사가 나타나기만을 기다려야 하는 상황이라면 짜증이 날 수밖에 없다. 상사가 당신의 시간을 소중하게 여기지 않거나 존중하지 않는다는 생각이 들 것이다. 그럴 수도 있지만, 실제로 대부분의 상황에서 상사는 급히 처리해야 할 업무나 문제를 해결하느라 늦은 것일 확률이 높다. 이렇게 생각하는 것만으로도 마음이 한결 편해진다.

그러나 이런 상황이 빈번하게 일어난다면 상사에게 직접 이야기를 해야 한다.

☞ 급한 업무와 저와의 미팅이 겹쳐 발목이 잡히실 때가 많은 것 같습니다. 오전 시간이나 조금 한가한 날로 미팅을 잡으면 어떨까요?

☞ 회의 시간에 팀장님께 갑자기 바쁜 일이 생긴 경우, 제가 어떻게 하는 게 편하실까요? 회의 시간이 지나면 팀장님께 말씀을 드릴까요? 아니면 10분 정도 기다린 후, 다시 회의 스케줄을 잡는 게 좋을까요?

만약 상사와의 일대일 미팅이 아니라 다른 직원들도 함께한 자리라면 이렇게 말한다.

☞ 회의에 앞서 급히 처리해야 할 일로 바쁘실 줄 압니다. 우선 저희끼리 회의를 시작한 후 팀장님께서 가능하실 때 참석하시는 것은 어떨지요?

---

16 | 상사가 자꾸 미팅을 취소해요.

상사가 미팅에 계속 늦을 때는 이유가 있는 것처럼, 미팅을 취소할 때도 중요한 사유가 있을 수 있다. 아무리 합당한 사유라도 당신이 피해를 본다는 사실은 변치 않으므로 상사에게 말을 해야 한다. 당신에게 피해를 끼친다는 것을 몰랐던 상사는 오히려 당신의 발언을 고마워할 수도 있다.

미팅 취소가 문제가 된다는 것을 상사가 모른다는 것이 말도 안 된다고 생각하겠지만, 회의에 참석하기 싫다고 항상 투덜대는 사람들이 있다는 사실을 생각해보길 바란다. 어쩌면 상사는 당신도 미팅에 참여하기 싫어하기 때문에 미팅을 취소해도 괜찮을 것이라고 생각할 수도 있다. 따라서 미팅이 일정대로 진행되었으면 좋겠다는 점을 분명히 밝힌다.

☞ 많이 바쁘시고 미팅 전에 급히 처리해야 할 일들이 있어 시간을 내기 어려우시겠지만, 진행 중인 프로젝트에 대해 주기적으로 보고하고, 팀장님의 의견을

듣는 시간이 필요합니다. 다른 업무에 방해받지 않고 미팅을 진행할 수 있는 때가 언제인지요? 아니면 팀장님께서 시간이 날 때마다 짧고 간단하게 미팅을 하는 게 나을까요?

두 번째 제안은 생각보다 효과가 좋다. 한때 내가 모셨던 상사는 말도 안 될 정도로 바빴던 사람이라 미팅을 취소하기로 악명이 높았다. 당시 맡았던 프로젝트를 진행하기 위해서는 그와 꼭 미팅을 해야 했다. 나는 언제든 그가 시간이 날 때면 어디서든 미팅을 하자고 요청했다. 그는 내 제안을 받아들였고, 두 번이나 그가 머리를 자르는 미용실에서 미팅을 가졌다. 어쨌든 내가 원하는 것을 얻은 셈이었다.

17 | 상사가 제 이메일에 회신을 하지 않아요.

상사가 문제일 수도 있고, 당신이 메일을 쓰는 방식이 문제일 수도 있다. 상사의 태도를 고치는 것보다 당신이 이메일 쓰는 방식을 바꾸는 것이 쉽다. 내용은 되도록 간결하게 써야 하고, 단도직입적으로 결론부터 말해야 하며(중요한 내용을 여러 문단에 걸쳐 행간 사이사이에 숨기지 말라!) 메일 제

목만으로도 내용을 파악할 수 있도록 분명하게 명시해야 한다(메일 제목을 '행사 일정'이라고 쓰기보다 '행사를 6월 10일로 최종 확정해도 되겠습니까?'가 훨씬 명확하다).

메일에는 상사가 선택할 수 있는 옵션과 '예/아니오'로 답할 수 있는 질문을 포함시켜 '그렇게 하세요' 혹은 '2안으로 갑시다'처럼 상사가 빨리 회신할 수 있는 형식으로 작성해야 한다.

이 모든 방법을 취했음에도 상사의 답변을 듣기 어렵다면 더 좋은 방법이 있을지 상사에게 물어야 한다.

☞ 이메일로 문의를 하면 팀장님 대답을 듣기가 어려운 것 같아, 제가 여쭤야 할 사항이 있거나 급히 확인해야 할 업무가 있을 때는 다른 방법을 이용해야 할지 여쭙고자 합니다.

상사는 어쩌면 직접 와서 보고를 하거나 전화로 이야기를 하는 것이 편하다고 말할 수 있다. 만약 당신이 이메일 소통을 선호한다면 심히 짜증스럽겠지만, 선택권은 상사에게 있으니 상사가 원하는 방법으로 맞춰야 한다. 어쩌면 상사가 자신이 답을 하지 않을 때는 알려달라고 부탁할 수도 있다. '그래도 되나' 싶겠지만, 상사가 그리 말한 이상 따르는 것이 좋다.

상사가 중요한 대화에서 저를 제외합니다

사내 주요 전략에 대한 대화를 저 빼고 다른 팀원들과 나누는 이유가 무엇인지 상사에게 묻고 싶습니다. 저보다 입사가 조금 이른 동료가 팀과 기업의 전략 목표에 대해 상사와 대화를 나누었다는 것을 몇 번 전해들었습니다. 그럴 때마다 '이런 얘기를 언제 나눴을까?', '왜 그 자리에 나는 없었지?' 하는 생각을 하게 됩니다.

'상사가 날 싫어하는 걸까?', '내가 일을 잘 못 한다고 생각하는 걸까?' 싶어서 걱정이 됩니다. 아마 저를 싫어하는 것은 아닐 거라고 생각합니다. 저 혼자 여러 프로젝트를 책임지고 이끌었던 적도 있었고, 성과도 좋아서 조직과 상사에게서 좋은 평가를 받았으니까요. 제가 만약 추천서가 필요하다면 언제든지 말하라고, 아주 잘 써주겠다고 말한 적도 있었습니다. 그뿐만 아니라 중간 평가 때도 최고 점수를 받았습니다.

제가 중요한 대화에서 배제되는 것 같은 느낌을 받는다는 것을 상사가 알았으면 좋겠습니다. 왜 이런 일이 일어나는지 알고 싶고, 그 원인이 만약 제게 있다면 바로 고치고 싶어요. 어떻게 해야 할까요?

------------------------ **SAY SOMETHING LIKE THIS** ------------------------

상사에게 직접 물어보세요! 이렇게 말하면 어떨까요.

"켈리가 팀장님과 팀 전략 목표와 조직의 장기 비전에 대해 이야기를 나누었다고 몇 번 제게 말한 적이 있습니다. 두 분이 일상적인 대화를 하던 중에 갑자기 이런 얘기를 하게 되었겠지만, 저도 대화에 참여할 수 있다면 함께하고 싶습니다."

만약 자연스럽게 물어볼 수 있다면 이렇게 덧붙이는 것도 좋겠죠.

"제가 이런 중요한 대화에 참여하기 위해서 따로 해야 할 일이 있을까요?"

당신이 무언가를 잘못한다기보다는 동료가 무언가를 잘하고 있다고 보는 편이 맞을 것 같아요. 상사와 전략적인 대화를 시작하거나 프로젝트에 지원하는 등 동료가 조금 더 눈에 띄게 행동하고 있을지도 모르죠. 즉, 상사가 당신을 고의적으로 따돌린다기보다는 당신의 동료가 조금 더 능동적으로 활약하고 있는 상황이 아닐까 싶어요. 그렇다면 당신도 동료처럼 보일 방법을 찾아야 할 것 같아요. 동료와 사이가 좋다면 물어봐도 좋아요.

"켈리, 팀장님과 이런 대화를 자주 나누는 것 같더라. 나도 그러고 싶긴 한데 어떤 이유에서인지 좀 힘들어. 네가 비법을 알려준다면 큰 도움이 되겠는데, 도와줄 수 있을까?"

어쩌면 '그냥 물어보면 돼'라는 아주 단순한 답을 듣게 될지도 몰라요.

18 | 상사가 소리를 지릅니다.

운이 좋다면 고함 지르는 상사를 평생 만나지 않을 수도 있다. 상대방에게 소리를 지르는 것은 프로답지 못하고 가학적인 행동으로, 훌륭한 상사라면 결코 하지 않는 일이다.

만약 상사가 소리를 지른다면 절대로 사적으로 받아들이지 않는 것이 중요하다. 그건 그 사람 문제이지 당신의 문제가 아니다.

그리고 상사에게 그런 식으로 말하지 말라고 요청한다. 이는 완벽히 합리적인 일이다. 당신은 일을 하러 온 것이지 언어 학대를 받으러 온 것이 아니다. "제게 소리치지 않았으면 좋겠어요"라고 말해도 괜찮다.

소리를 치는 사람들은 대체로 자존감이 낮은 경우가 많기 때문에 긍정적으로, '저는 당신을 좋아하고, 이 문제를 잘 해결하고 싶습니다'라는 어조로 대화를 시작하는 것이 좋다. 그런 뒤에 고함을 치지 말아달라고 직접 말한다.

☞   이곳에서의 일도 좋아하고, 팀장님께 일을 배우는 것도 감사하게 생각합니다. 그러나 제게 소리를 치시니 팀장님의 피드백을 받는 것이 힘들어집니다. 업무 평가를 원치 않는다는 것이 아닙니다. 제게 필요하고 또 중요하게 생각하고 있어요. 다만 제게 고함을 치지 않았으면 좋겠습니다.

목소리가 큰 사람들 앞에서는 주눅 들기 쉽기 때문에 면전에 대고 이런 말을 하는 것이 두렵고 긴장될 수 있다. 그러나 이들은 고함을 친 뒤에 스스로 민망해할 때가 많고 이런 행동이 잘못되었다는 것도 인지하고 있으므로, 이런 요청을 별 문제 없이 받아들이는 사람도 많다. 실제로 단호하게 직접 요청하는 사람을 더욱 존중하고 조심스러워하기도 한다.

19 | 상사가 저를 지나치게 통제하려고 해요.

상사가 지속적으로 업무를 감독하고 지시를 내리며, 당신을 신뢰하지 못하는 모습을 보이면 상당한 무력감을 느끼기 마련이다.

상사가 지나치게 통제하는 이유는 보통 둘 중 하나다. 첫째, 실수를 하거나 업무 처리 수준이 기대에 미치지 못하는 등 당신이 원인을 제공한 경우다. 둘째, 상사의 관리 역량이 부족해 부하직원의 일에 어느 선까지 관여해야 하는지 모르는 경우다.

당신의 업무 수행 능력이 원인인 첫째 경우라면, 역량이 향상된 모습을 지속적으로 보여주어 평판을 쌓아나가는 것이 최선의 방법이다('정신을 차려야 한다'는 말을 듣기 좋게 풀어썼다).

그러나 상사가 세세하게 부하직원을 관리하는 것 외에는 다른 방법을 모르는 둘째 경우라면, 업무 자율성을 확보하기 위해 목소리를 내야 한다. 이때는 지나치게 업무에 참견하지 않아도 상황을 전반적으로 파악하고 통제권을 지닐 방법을 상사에게 넌지시 제안하는 것이 중요하다.

☞ 프로젝트 진행 상황을 논의하고 싶습니다. 팀장님께서는 업무를 자주 보고받는 것을 선호하시는 것 같습니다. 매일 혹은 프로젝트 진행 단계마다 보고 받길 원하실 때도 있고, 제게 일을 맡기신 후 직접 처리하시는 때도 있고요. 만약 제가 일하는 방법에 문제가 있어 그러신다면, 제가 고칠 수 있도록 알려주시길 부탁 드립니다.

만약 크게 걱정하는 부분이 없고 그간 제가 업무를 잘해왔다 여기신다면 업무 보고 방침에 대해 다시 생각해주셨으면 합니다. 주요 프로젝트에 대해 이메일로 주간 보고를 하고, 일주일에 한 번씩 미팅을 해서 업무 방향을 논의하면 어떨까요? 특별한 문제가 있다면 팀장님께 보고하되, 제가 독립적으로 프로젝트를 진행해보고 싶습니다. 다음 한 달간 이렇게 진행해보고 다시 논의해보면 좋겠습니다.

혹은 통제력을 행사하고 싶은 부분을 정확히 꼬집어 이야기할 수도 있다.

☞ 지금껏 제가 맡은 수업에서 문제가 발생했을 때마다 큰 마찰 없이 잘 해결해왔습니다. 그러니 특수한 상황이나, 특별한 관찰이 필요한 학생에 관한 문제가 아니라면 팀장님께 상의하지 않고 제가 소신껏 수업을 운영해도 될까요?

20 | 제가 새로 맡은 업무를 거절하고 싶어요.

원치 않는 업무를 추가로 맡았다면 거절하기 전에 몇 가지 요인을 따져봐야 한다. 당신이 이 일을 맡는 것이 타당한가, 현재 업무량이 적절한가(눈코 뜰 새 없이 바쁘다면 거절하기가 쉽다), 고용주와 관계는 어떤가(당신의 가치가 어느 정도이고 지금까지 좋은 인상을 남겼는가) 등이다.

위의 요인을 고려해본 뒤 새로운 일을 거부할 충분한 사유가 있다고 생각된다면 의사를 밝혀야 한다. 상황에 따라 아래처럼 말할 수 있다.

☞ 현재 제가 맡은 업무가 꽤 많습니다. X, Y, Z를 하고 있어 이 업무까지 맡아서 진행할 수 있을지 모르겠습니다.

☞ 이 일에 제가 적임자인지 모르겠습니다. 이 일을 하려면 C와 D라는 기술이 필요한데, 솔직히 말씀드려 제 역량 밖의 일입니다. 저는 현재 맡은 A, B에 더욱 집중하고, 해당 업무에 관심이 있는 적임자를 찾아보시는 편이 어떨지요?

☞ 솔직히 말씀드려, 다른 회사가 아니라 지금 이 일을 선택한 데는 X를 하지 않아도 된다는 것이 일부 작용했습니다. 꼭 필요한 상황이라면 기꺼이 하겠지만, 제 업무와 상당히 다른 분야라 이 일을 제가 완전히 맡아 진행하는 것은 부담스럽습니다.

☞ 제 책임도 그렇고, 스트레스도 상당히 커지게 될 것 같습니다. 이제부터 제가

해야 할 일로 확정된다면 제 직함과 연봉에도 새로운 업무가 반영될 수 있도록 조정할 수 있을까요?

상사에게는 '미안하지만 이제 자네가 해줘야겠어'라고 말할 권한이 있다. 그러니 위와 같이 의사를 표시하더라도 상사의 권한을 인지하고 있다는 점을 보여주어야 한다. '당신이 말하는 것을 절대 하지 않을 생각이다'는 느낌이 아니라 '다른 방법은 없을지 재고해달라'는 인상을 남겨야 한다.

만약 상사가 어떤 대화에도 꼼짝하지 않는다면 새로운 업무가 추가된 상황에서 이 일을 계속할 것인지 고려할 차례다. 그러나 우선은 상황을 달리 조정할 수 있을지 고민하는 것이 먼저다.

 독자 사연

연봉도 인상되지 않고 승진도 하지 못했다면 추가로 배당된 업무를 거절해도 될까요?

제가 속한 관리팀은 팀원 네 명이 세 개 부서를 관리합니다. 지난 7개월간 두 명이 그만두었고, 얼마 전 다른 한 사람도 갑자기 사직서를 제출했어요. 제 상사는 저와 한마디 상의도 없이 퇴사를 앞둔 직원한테 제게 인수

인계를 하라고 말했어요. 이 상황이 감당도 안 되고, 업무량에 비해 급여도 너무 적다고 생각해요. 연봉을 인상하거나 승진이 되는 게 아니라면 일을 더 맡아서 하고 싶지 않아요. 회사의 요구에 불응한다는 명목으로 해고되고 싶지 않은데, 어떻게 해야 새로 떠맡은 일을 거절할 수 있을까요?

----------------------- **SAY SOMETHING LIKE THIS** -----------------------

만약 "월급을 올려주세요. 아니면 그 일은 안 하겠습니다"라고 말하면 "미안하지만 이제 당신이 좀 해줘야겠어요"라는 말을 듣게 될 거예요. '일을 맡든가 회사를 나가든가' 둘 중 하나를 선택하라는 소리죠.

좋은 방법이 있습니다. 효과가 확실하다고 장담할 수는 없지만 훨씬 합리적이고 프로페셔널하게 대처하는 방법이긴 하죠. 상사를 찾아가 이렇게 말씀하세요.

"관리팀이 네 명에서 두 명으로 줄은 데다, 다른 한 명도 회사를 나가게 될 예정이라 제가 다른 사람들이 하던 일을 거의 다 맡아서 하고 있어요. 현재 제 업무량이 지나치게 많아져 소화하기가 정말 어려운 상황입니다. 잠깐 동안이라면 어떻게든 해보겠지만 벌써 몇 달이 지났고, 앞으로도 현 상황이 지속되거나 혹은 더욱 악화될 것 같습니다.

제가 짊어져야 할 업무량도, 책임감도 상당히 커졌습니다. 앞으로도 회사에 도움이 될 수 있도록 열심히 하겠지만 제 직함과 연봉에 대해 재고해주셨으면 좋겠습니다.

현재 연봉으로는 이 많은 업무를 지속하기가 현실적으로 어렵습니다. 몇 번이나 인상해주겠다는 말을 들었지만 4년째 같은 연봉을 받고 있어요. 제가 맡은 업무에 맞게 연봉과 직함을 조정해주실 수 있을까요?"

연봉에 관해 상사가 물었을 때 대답할 준비가 되어 있어야 해요. 다시 말해, 직무에 적합한 연봉 수준을 미리 조사하고 마음을 정리해두어야 합니다. 그래야 너무 낮은 액수를 말하거나 현실적으로 불가능한 액수를 말하는 일이 없겠죠.

그러고 난 뒤 상사의 반응을 살피세요. 상사도 당신과 같은 생각이라면 더할 나위 없이 잘 된 상황이죠. 다만 이번에도 말로만 끝나지 않도록 연봉 인상과 일정에 대해 정리해 메일로 전달하고, 예정된 날짜에도 인상분이 반영되지 않았다면 즉시 상사에게 찾아가 확인해야 합니다. 만약 당신의 요구를 들은 상사가 망설이는 모습을 보인다면 이렇게 말하세요.

"지금 당장 결정하시기 어려우실 것 같습니다. 그러나 이미 몇 달이 지난 상태라 빠른 시일 안에 상황이 정리되었으면 좋겠습니다. 일주일 후에 다시 찾아뵙고 이야기 나눌 수 있을까요?"

만약 상사가 '당신의 요구사항을 들어줄 수 있을지 모르겠지만 일단 업무는 주어진 대로 해야 한다'고 말한다면 이미 답은 나온 상황이죠. 당신의 연봉을 인상시켜주거나 승진시켜줄 생각이 없고, 업무량도 조절해줄 마음이 없다는 의미거든요. 지금 상태의 월급, 직함, 업무량을 가지고 계속하고 싶은지 아니면 다른 직장을 찾을지 결정해야 합니다. 새 직장을 알아보기로 결심했다고 해도 그때까지는 사측에서 요구하는 대로 일을 해야 할 거예요. 딱 잘라서 거부할 수 없다면요. 어떤 상황이라도 적어도 이렇게는 말할 수 있어야 해요.

"일주일에 40시간(혹은 업계 표준에 따른 시간)의 업무 시간 동안에는 X, Y, Z를 처리할 수 있습니다. 따라서 A, B, C는 시간적 여유가 생길 때까지는 잠정적으로 보류할 수밖에 없습니다."

본인 업무의 우선순위를 밝힌다는 점에서 '저는 A, B, C는 전부 하지 않을 겁니다'와는 분명 달라요. 이렇게 버티는 동안 다른 일을 계속 찾아보고, 새 직장을 구한 후에는 퇴사 이유를 밝히고 회사를 나오면 됩니다.

21 | 직무 능력 훈련을 더 받고 싶습니다.

직원 스스로 알아서 업무를 처리할 것이라고 생각하는 회사가 제법 많다. 그러나 자신이 할 수 있는 만큼 다 한 뒤에도 추가적인 직무 능력 트레이닝이 필요하다는 생각이 든다면 반드시 알려야 한다. 당신이 도움이 필요하다고 말하지 않으면 상사는 잘 모른다. 또한 훈련 부족으로 인해 문제가 발생할 때까지 기다리는 것보다 미리 알리는 편이 훨씬 낫다.

가능하면 자신에게 필요한 교육이 직무 강좌인지, 전문가와의 일대일 수업인지 정확히 파악해 상사에게 구체적으로 제안하는 것이 좋다.

☞ Y를 성공적으로 진행하기 위해서는 X가 필요하다고 생각하는데, 제게 부족한 부분인 것 같습니다. 제가 찾아본 바로는 회계 강좌를 통해 필수적인 내용을 모두 배울 수 있을 듯합니다. 이 수업을 듣도록 지원해주시겠습니까?

업무가 특수해서 직무 훈련이 필요하다고 생각되면 이렇게 요청할 수도 있다.

☞ 커뮤니티 리더들과 일하고 그 과정에서 민감한 문제를 처리하는 방법을 배운다면 업무를 수행하는 데 큰 도움이 될 것 같습니다. 이번 주와 다음 주 한 시

간씩 시간을 내어 요즘 제가 맞닥뜨린 상황을 함께 살펴보고, 좋은 해결책이 있을지 논의하는 자리를 마련할 수 있을까요?

---

22 | 상사가 원하는 바를 명확히 밝히지 않아요.

운이 좋다면 당신에게 무엇을 기대하는지 정확하게 설명하는 상사를 만날 수도 있다. 그러나 자신이 원하는 바를 표현하는 데 서툰 상사가 상당히 많기 때문에, 프로젝트에서 어떤 결과가 도출되어야 하는지, 심지어 자신이 어떻게 직무를 수행해야 하는지도 잘 모르는 직원들이 많다.

만약 당신의 상사가 이런 부류라면, 상사가 기대하는 바가 무엇인지 어떻게든 알아낼 방법을 생각해내야 한다. 그러지 않으면 업무의 우선순위를 잘못 세우거나, 잘못된 방향으로 프로젝트를 진행하고, 당신의 인사고과 기준이 될 중요한 업무는 등한시하는 실수를 저지르고 만다.

엄밀히 말해 당신이 해야 할 일은 아니지만, 상사가 무엇을 바라는지 직접 알아내는 것 말고 다른 방법이 없다면 이것이야말로 당신에게 가장 중요한 일이 되어야 한다.

상사가 정확한 지침 없이 업무를 맡기고는, 이후 결과물을 보고 내심 다른 결과를 바랐다는 표현을 한 적이 많았다면, 앞으로는 업무를 전해받는 자리에서 당신이 바로 말하는 것이 좋다.

☞ 차질 없이 업무를 처리하기 위해서 팀장님께서 어떤 결과물을 원하시는지 말씀해주시면 감사하겠습니다. 꼭 포함되어야 할 사항이나 제가 알아두어야 할 내용이 있는지요? 다른 프로젝트보다 중요하게 여겨야 할 업무인가요?

특정 프로젝트가 아니라 전반적으로 당신의 직무에서 기대하는 바를 명확히 밝히지 않는다면 전체적인 상황에 대해 논의해야 한다.

☞ 제 역할에서 무엇을 기대하시는지 전반적으로 이야기를 나누고 싶습니다. 제게 Y는 신경 쓰지 말고 X에 주력하라고 말씀하시는데, 가끔씩 Y가 더욱 중요한 문제가 되는 경우도 있습니다. 제가 어떤 업무를 더욱 중요시해야 하고, 어떤 기준으로 제 업무 평가가 이루어지는지 구체적으로 알 수 있으면 좋겠습니다. 제 업무에서 신경써야 할 기본 원칙과 우선순위가 어떤 것들인지 상의할 수 있을까요?

TIP **상사와 의견이 다를 때 자기 의견 말하는 법**

훌륭한 상사는 본인과 다른 여러 의견을 듣고 싶어한다. 그래야 최선의 해결책을 찾을 수 있다는 것을 알기 때문이다. 그렇다 해도 상사에게 적대적인 방식이 아니라 정중하게 이견을 제시해야 한다.

공격적이지 않게 자신의 의견을 말하는 화법이 몇 가지 있다.

☞ "그렇게 한다면 X가 조금 우려스럽습니다."

☞ "제 생각은 약간 다릅니다. 저는 Y를 생각해봤는데요."

☞ "Z를 고려해보는 것은 어떨까요?"

이때 조직의 입장에서 자신의 의견을 펼치고, 왜 그렇게 주장하는지 근거를 들어 설명하는 것이 좋다(머릿속으로 생각했을 때는 타당해보였지만 막상 설명해보면 비논리적인 경우도 있다).

결국 최종 의사결정자는 상사다. 당신의 의견을 전달했는데도 상사가 동의하지 않을 때, 덧붙일 정보가 있다면 다시 한 번 설득해볼 수 있다("판단하실 때 도움이 될지 모르지만 한 가지 고려하셔야 할 사항이 있습니다"). 상사가 당신의 의견을 들은 후에도 다른 선택을 한다면 받아들여야 한다.

자신이 기대하는 바를 정확히 밝히지 않는 상사보다 더 힘든 경우는, 정확한 업무 방침을 제시하고는 다음 날 전혀 다른 소리를 하는 상사다.

　부하직원이 독심술사이길 바라는 상사를 두었다면 무엇보다 자주 확인하는 것이 중요하다. 예컨대, 한 달 동안 프로젝트를 진행한다면 시작 첫날과, 프로젝트 마감인 4주 후에만 확인해서는 안 된다. 업무 진행 중에도 지속적으로 확인해야 한다.

☞　X 프로젝트가 한창 진행중입니다. Y와 Z도 함께 진행하는 것으로 알고 있는데요. 제가 알고 있는 게 맞는 건지요? 다른 변동 사항은 없습니까?

문제점을 정확히 지적하고 어떻게 처리해야 하는지 물어볼 수도 있다.

☞　프로젝트 세부 사항이나 업무 우선순위가 자주 변경되는데, 제가 모를 때가 종종 있습니다. 그래서 팀장님께서 생각하는 방향과 다르게 업무가 진행된다는 것을 나중에야 알게 되는 경우가 생겨서요. 변동 사항이 있을 때 되도록 빨리 전달받는다면, 팀장님께서 원하는 방향으로 업무를 진행할 수 있고 저도 시간을 효율적으로 쓸 수 있을 듯한데 어떤 방법이 있을까요?

상사를 비난하는 투를 삼가야 한다는 점을 명심하라. 당신은 그저 이런 상황이 생기는 때가 있다는 것을 인식하고, 당신이 일을 잘해낼 방법을 찾는 것뿐이다. 자신도 모르는 새 자꾸 변동 사항이 생겨 짜증이 난다는 것이 중요한 게 아니라, 이 상황을 해결하는 데 집중해야 한다.

감정적 문제가 아니라, 업무에 지장이 되니 상사에게 방향을 정하고 더 이상 변덕 부리지 말아달라고 요청해야 할 때가 있다. 그때는 이렇게 말할 수 있다.

☞ 최종안에 이르기까지 변경이 불가피하다는 것은 잘 알고 있습니다. 제가 목요일 이후에는 사무실에 없을 예정이라, 오늘 이후로 변동이 생긴다면 프로젝트에 차질이 생길 수 있습니다. 시간이 여유롭지 않으니 오늘 이 안으로 최종 결정해도 될까요?

상사가 자신의 마음을 읽지 못한다고, 자신의 의견을 바꾼 것을 알아채지 못한다고 당신을 조금이라도 나무란다면 차분하게 당신의 입장을 설명하는 것이 좋다.

☞ 새로운 방식대로 일을 처리하는 데에는 아무 문제가 없지만, 다만 팀장님 의견을 무시했던 게 아님을 알아주시길 바랍니다. 지난주에 이야기했을 때는 X를 하는 것이 좋겠다고 하셔서 그 말씀을 따랐습니다. 이제는 Y를 하길 원하시니 팀장님 말씀대로 하겠습니다. 그저 제가 왜 X를 하고 있었는지 팀장님께 설명하고 싶었습니다.

24 | 상사가 불쾌한 농담을 해요.

상사가 인종차별적, 성차별적, 동성애 차별적, 성적인 농담을 하는 경향이 있다면 어떻게 대응해야 할지 곤란할 것이다. 어찌되었든 상사이기도 하고, 불쾌감을 조성하는 주체가 권위가 있는 경우, 대다수 사람들은 솔직하게 표현하기 어려워한다. 그러나 당신이 생각하는 것보다 다양한 대처 방법이 있다.

상사의 성향이나 당신과의 관계, 상황에 따라 다르겠지만 아래의 전략을 참고해볼 만하다.

☞ **무시한다.** 단순히 무시하는 게 아니라 불편한 내색을 한다. 잠시 대화를 멈추고 황당한 표정을 지은 뒤 상사가 농담을 하기 전에 하던 대화를 이어가면 굳이 말을 하지 않고도 상사에게 자신의 의도를 충분히 전달할 수 있다.

☞ **'잘 못 알아듣겠어요' 전략을 쓴다.** 차별적인 농담을 하는 모든 사람에게 쓸 수 있는 간편한 방법이다. "무슨 말씀인지 이해를 못했어요. 설명해주시겠어요?" 이렇게 대응한다면 대부분 그 '농담'이 왜 재밌는지 일일이 설명하기보다는 곧 입을 다문다. 또한 상대방에게 앞으로도 그런 말을 듣고 싶지 않다는 강력한 이미지를 남길 수 있다.

직접적으로 꼬집어 말할 수도 있다.

☞   저는 이런 종류의 농담을 정말 싫어합니다.

판단에 따라 분위기를 조금 누그러뜨릴 말을 덧붙여도 좋다.

☞   진심이 아닌 것은 알지만 이런 농담을 싫어하는 편이에요.

☞   그런 분이 아니시라는 것은 잘 알지만, 지금 그 말씀은 팀장님의 의도와는 다르게 전달될 수 있을 것 같습니다.

☞   저는 어느 부분에서 웃어야 할지 잘 모르겠어요.

☞   으휴, 제 앞에서 그런 말씀은 말아주세요.

☞   좀 전에 하신 농담 말인데요, 나쁜 의도는 없었겠지만 여성/유색 인종/동성애자를 폄하하는 것처럼 들려 불편했습니다.

---

25 | 상사가 시키는 일이 저의 도덕관이나 윤리관과 부딪쳐요.

누구나 회사에서 하고 싶지 않은 일을 해야 할 때가 있다. 사실 직장 생활이라는 것이 대부분 그렇다. 그러나 당신의 도덕관이나 윤리관에 위배되는 일이라면 직접 말을 해도 된다. 그 일을 따르기가 불편하다고 솔직하게 밝히고, 필요하다면 발생할 수 있는 문제에 대해서 언급한 후 다른 방법을 제시하는 것이다.

가령, 상사가 당신에게 거짓으로 데이터를 입력하라고 하는 경우다.

☞ 정확하지 않은 데이터를 입력하면 안 될 것 같습니다. 나중에라도 밝혀진다면 큰 문제가 될 소지가 있고, 저희 신용에도 큰 타격이 있을 것 같아요. 월요일이면 제대로 된 데이터가 나옵니다. 이틀이나 기다려야 하긴 하지만, 이사회에 데이터가 늦어진 경위를 설명하는 편이 잘못된 데이터를 제출하는 것보다는 나을 것 같습니다.

상사가 여전히 마음을 바꾸지 않는다면, 그 상사의 상사나, 더 직급이 높은 사람에게 말하는 방법도 있다.

☞ 월요일까지 기다리기 어려운 사안인 것은 알지만, 저희가 책임지지 못할 데이터를 전달하는 것이 불안합니다. 상무님과 상의해서 일정을 조절해도 되겠습니까?

이 방법도 통하지 않는 와중에 여전히 잘못된 일에 동조하고 싶지 않은 마음이 크다면 이렇게 말해야 한다.

☞   그렇게 하는 것이 내키지 않습니다. 제가 하는 일에 회의감이 들 것 같습니다.
저 때문에 불편하실 줄은 알지만 제 입장을 이해해주시길 바랍니다.

---

26 | 상사가 저와 친밀하게 지내려 하는데 저는 거리를 두고 싶어요.

지나치게 사적인 이야기를 하거나 퇴근 후 함께 시간을 보내길 원하고, 부하직원이 아닌 친구에게 할 법한 태도를 당신에게서 바라는 등 상사가 아닌 친한 친구처럼 대한다면, 상당히 불편할 수 있다.

선을 넘을 여지를 주지 않는다면 지나치게 친근하게 구는 상사에게 본인의 역할을 깨닫게 해줄 수 있다. 회사 밖에서 만나자는 초대에 응하지 않고, 대화가 너무 사적으로 흘러가려는 낌새가 보이면 급히 업무 관련 전화를 거는 식이다.

그러나 이런 신호를 보내도 상사가 눈치 채지 못한다면, 공손하지만 정확하게 당신이 어느 정도 선을 지키고 싶다는 의사를 밝히는 것만으로도 문제는 해결된다. 어색해지는 상황을 피하는 손쉬운 방법은 '상사와 거리를 두고 싶다'는 의도는 숨기고 '개인의 문제로 가까운 관계를 유지하기 어렵다'는 점을 부각하는 것이다.

☞   같이 일하는 관계가 아니라면 초대하신 르네상스 페어에 함께 갔을 거예요. 다만 제가 매번 상사와 지나치게 친해지는 성격이 항상 문제가 되어 스스로 자중하기로 결심했어요. 아쉽지만 초대에는 응하지 못할 것 같습니다. 하지만 물어봐주셔서 감사해요.

☞   팀장님과 대화하는 것이 정말 즐거워서 저도 모르게 너무 사적인 이야기까지 털어놓는 것 같아요. 제가 상사와 과할 정도로 친해지는 것이 문제라, 공적인 선을 지켜야겠다는 생각을 항상 하고 있습니다. 그래서 그런 상황을 만들지 않기 위해 미리 말씀드리고 싶었어요. 오해하실까봐요.

27 | 일을 하다가 실수를 했습니다.

인간인 이상 실수를 할 수밖에 없다. 나도 셀 수 없이 많은 실수를 저질렀고, 뛰어난 사람들과도 함께 일해 봤지만, 그들도 실수를 한다. 명심해야 할 것은 실수 자체보다 실수를 한 뒤 어떻게 대처했는지가 훨씬 중요하다는 점이다.

1. 상사에게 즉시 보고한다.

실수를 알리는 것이 불편하다고 해서 보고를 미뤄서는 안 된다. 상황이 더욱 악화될 뿐이다. 여러 이유가 있겠지만 일보다 자신의 안위를 더욱 중요하게 여겼다는 메시지를 전달하기 때문이기도 하다.

2. 책임을 진다.

실수를 했다면 변명을 해서도 안 되고, 방어적으로 나와서도 안 된다. 실수를 한 뒤 별일이 아니라는 듯이 행동하거나 자신의 책임이 아닌 것처럼 군다면 상사는 당신이 경솔한 사람이고, 팀원으로서 신뢰할 수 없다고 생각하기 때문에 상황은 심각해진다. 당신이 걱정하고 신경 쓰는 모습을 보일수록 위중함을 알고 있다는 의미이기 때문에 상사는 당신에게 굳이 상기시키려 들지 않을 것이다.

3. 어쩌다가 실수가 발생했는지 간략하게 설명한다.

경위를 파악해야 하지만, 무엇보다 상사는 당신이 실수가 벌어진 이유를 정확히 알고 있는지를 확인하고 싶어한다. 왜 실수가 발생했는지 모른다면 같은 실수를 반복할 가능성이 있기 때문이다.

4. 향후 같은 실수를 반복하지 않을 거라는 확신을 심어준다.

보통 상사는 당신의 계획이나 다짐에 대해 크게 신경 쓰지 않는다. 다만, 당신이 사안의 중대성을 인지하고 앞으로는 비슷한 실수를 저지르지 않기 위해 노력할 마음이 있는지는 확인하고 싶어한다.

종합적으로 이런 어조를 유지하면 좋다.

☞ 오늘 제가 발행한 뉴스레터에 문제가 있었습니다. 사설에 실린 수치 중 하나가 잘못되었다는 것을 오늘 아침에 확인했습니다. 제 잘못입니다. 확인한다고 했는데도 실수를 했습니다. 이번 주에 여러 가지 일이 많아서 뉴스레터를 급하게 작성했던 것이 문제였습니다. 앞으로 수정 사항은 팀장님의 컨펌을 받고, 체크리스트를 작성해서 더 꼼꼼하게 검수를 하겠습니다. 죄송합니다!

---

28 | 상사가 휴가 사유를 꼬치꼬치 캐물어요.

연차가 남아 있고, 업무상 큰 문제가 없다면 상사는 휴가 신청을 마땅히 승인하는 것이 이상적이다. 그러나 사유를 묻는 상사도 있다. 당신이 편히 말할 수 있는 사안이라면 별 문제가 없지만, 병원 진료 등 그다지 말하고 싶지 않은 사적인 이유라면 문제가 될 수 있다.

사실 상사가 이런 질문을 하는 것은 그저 친근하게 다가가려는 의도일 때가 많다. 간섭하거나 사생활을 침해하려는 의도도 아니고, 당신을 난처하게 하고 있다는 인식조차 없다. 그러니 한두 번이라면 모호한 대답으로 넘기면 된다.

☞   아, 잠깐 병원에 좀 들를 일이 있어서요.

그러나 휴가를 쓸 때마다 상사가 사유를 묻는다면 이렇게 답하자.

☞   제가 휴가 결재를 받을 때마다 사유를 궁금해하시는 데, 물론 나쁜 의도가 없
       음을 알지만 제가 다른 사람들 앞에서 말씀드리기 어려운 병원 진료이거나 가
       족 문제일 때가 있습니다. 제가 부적절한 때 휴가를 쓰는 거라면 언제든지 주
       의를 주셔도 되지만 그런 게 아니라면 사생활을 지켜주시길 부탁드립니다.

29 | 부서를 옮기고 싶어요.

일반적으로 다른 회사에 지원하는 것보다 현재 조직 내에서 부서 이동을
지원하는 편이 훨씬 수월하다. 조직 문화에 익숙하고 부서 내 중요한 사
람이 누구인지, 회사가 어떤 인재를 찾고 있는지도 파악하고 있으며, 의
사결정자들도 당신에 대해, 그리고 당신의 업무 수행 능력에 대해서도 잘
알고 있기 때문이다.
  한 가지 조심해야 할 것은 다른 직무 면접을 앞두고 있다는 사실을 현

재 상사에게 알려야 한다는 점이다. 확실히 결정 나기 전까지는 상사에게 알리기 부담스러울 수밖에 없다. 만약 이런 상황이라면 아래와 같이 말해 볼 수 있다.

☞ 지금 팀에서 무척 즐겁게 일하고 있지만 X 부서의 일에 관심이 커서 지원하지 않는다면 후회할 것 같습니다.

☞ 지금 제가 하고 있는 일이 좋지만, 제가 늘 하고 싶었던 일은 X 였습니다. Y 부서의 X 자리에 지원하기 전에 먼저 팀장님께 솔직히 말씀드리고 싶었습니다.

---

30 | 연봉 인상을 하고 싶어요.

연봉 인상을 말할 때 보통 자신이 왜 더 많은 연봉을 받아야 하는지 타당한 이유를 장황하게 설명해야만 할 것 같은 부담감을 느끼는 사람들이 많다. 그러나 그러지 않아도 된다! 그간 별 문제 없이 업무를 수행했고, 연봉이 인상된 지(처음 결정된 지) 1년이 지났다면 그저 이렇게 말하는 것만으로도 충분하다.

☞ 팀장님, 연봉 관련해서 드릴 말씀이 있습니다. 연봉이 인상된 1년 전에 비해 제가 맡은 역할이 많아졌습니다. 게임 테스팅과 인턴 교육 프로그램도 맡게 되었고, 감사하게도 팀장님께 좋은 평가를 듣기도 했습니다. 저희 부서의 주요 업무가 아닌 IT 관련 문제도 여러 번 해결한 바 있고, 지난 여름에는 캠페인을 성공적으로 론칭하기 위해 야근과 주말 업무도 마다하지 않았습니다. 늘어난 업무와 책임감을 반영하여 연봉 인상을 논의하고 싶습니다.

단순히 돈을 더 달라는 것이 아니라, 상사에게 당신의 성과를 명확하게 설명하는 것이 중요하다. 그렇다고 지난 1년간 당신이 한 일을 줄줄이 읊어서도 안 된다. 몇 가지 중요한 핵심만 짚어야 한다.

생각해둔 액수가 있다면 덧붙여도 제안해도 된다.

☞ 제 연봉을 ○○○원으로 올려주실 수 있으실지요?

미리 생각해 놓은 적정선이 있는 게 아니라면 굳이 먼저 말할 필요는 없다.

한 가지 더! 연봉 인상을 요청하는 대화를 어떻게 풀어나갈지에 대해서만 준비하면 안 된다. 만약 상사의 답변이 'No'일 경우에 어떻게 대처할 것인지도 생각해두어야 한다. 상사의 대답을 듣고 실망한 표정으로 도망치듯 나와선 안 된다. 상황에 대비해 아래와 같은 말을 미리 준비해두는 편이 좋다.

☞ 이후 연봉을 인상하기 위해, 제가 더 준비하거나 노력해야 할 점이 있다면 말

씀해주세요.

훌륭한 상사라면 기꺼이 말해줄 것이다.

- -

31 | 상사가 매번 말로만 연봉 인상을 약속해요.

좋은 소식을 들었다. 상사가 월급을 올려주겠다고 약속했다. 곧이어 안 좋은 소식이 전해졌다. 상사가 약속한 지 이미 한 달이 지났지만 명세서에 찍힌 숫자는 달라지지 않았다.

☞ 두 달쯤 전에, 제 업무 성과가 따라 연봉이 인상될 것이고, 인상분이 반영되도록 하겠다고 말씀하셨는데요. 지금은 어떻게 진행되고 있나요?

만약 상사가 정확하게 답변하지 않는다면("어, 그래 그거. 조만간 처리할 걸세") 이렇게 말할 수 있다.

☞ 제가 무척 기다리고 있는 일이라서요. 일주일 후 다시 여쭤도 될까요?

이렇게 말하면 최소한 상사에게서 연봉 인상까지 시간이 조금 걸릴 거라는 이야기라도 들을 수 있을 것이다. 그렇다면 이런 식으로 물어야 한다.

☞　　혹시 언제쯤 실행될지 알 수 있을까요?

꽤 오랜 시간 동안(2주가 아니라 무려 5개월이나) 몇 번이나 이런 대화를 반복했지만 별다른 성과가 없다면 연봉이 실제로 인상될 것인지 의구심이 드는 것은 당연하다. 이제는 이렇게 말해야 한다.

☞　　벌써 이야기가 나온 지 좀 된 사안이기도 하고, 일이 많아진 만큼 합당한 연봉을 받는지가 제겐 중요한 문제입니다. 연봉 인상이 반영되려면 어떤 절차가 남았고 또 언제쯤 가능할지 대략이나마 알려주시면 제가 계속 기대하고 실망하는 일이 줄어들 것 같습니다.

이 정도면 상사에게서 구체적인 답변이 나와야 한다. 그렇지 않다면 당신이 헛된 기대를 품고 있는 상황이라고 봐도 무방하다. 물론 상사가 의도적으로 당신을 속이려 한 것은 아니겠지만, 제대로 된 답변도 없고 모호한 설명만 들은 지 몇 달째라면 상사의 본심이 어떤지는 더는 중요하지 않은 지점에 이른 것이다. 이제는 연봉이 인상되지 않는다는 것을 전제로 당신이 회사에 계속 머물 이유를 찾거나 이직을 고려해볼 때다.

32 | 같은 일을 하는 동료보다 월급을 훨씬 적게 받는다는 것을 알게 되었어요.

같은 업무를 수행하고 있는 동료보다 자신의 연봉이 현저히 낮다는 것을 알게 된다면 현재 연봉에 만족한다 한들 뒤통수를 한 대 맞은 기분이 들 것이다.

나는 이 문제를 바라보는 관점이 지난 몇 년 새 조금 달라졌다. 과거에는 동료의 연봉을 알고 있다는 사실을 숨긴 채 연봉 협상 카드로 활용하라고 조언했다. 또한 동료가 더 많이 받는 이유도 있을 거라고 설명했다. 가령, 동료가 취업할 당시에는 사람을 구하기 어려웠다거나, 사측에서 바라는 학위나 능력을 보유했거나, 어쩌면 동료가 당신보다 연봉 협상 능력이 뛰어났을 수도 있다.

최근 들어 임금 격차에 대해 전보다 민감하게 반응하는 분위기가 형성되었기 때문에 과거 내가 했던 조언은 시대에 맞지 않게 되었다. 요즘에는 똑같은 직무를 수행하는 직원이 자신보다 훨씬 많은 연봉을 받는다는 것을 알게 되었지만 그만큼의 격차가 발생하는 사유(성과가 높다거나, 유난히 까다로운 업무를 맡고 있거나)를 찾을 수 없다면, 연봉 협상 때 적극적으로 어필하는 것이 타당하다고 여기는 분위기다.

대부분의 경우, 연봉 격차만을 문제로 인상을 요구하는 것보다 여러 사유 중 하나로 언급하는 것이 좋다(연봉 인상에 대한 대화는 1부 30번을 참고

하길 바란다). 또한 왜 연봉 인상이 필요한지를 설명하며 이런 식으로 덧붙일 수 있다.

☞ 비슷한 직급에서 비슷한 직무를 수행하는 경우 보통 연봉 수준이 ○○○원 정도 되는 것으로 알고 있습니다.

특정 직원의 이름을 언급하지 않고도 대략적인 범위를 알고 있다는 것을 드러내는 화법이다.

만약 성별로 인해 연봉 차이가 발생한 거라면 더욱 분명하게 말해야 한다. 미국에서는 같은 업무에 남성과 여성이 다른 임금을 받는 것이 불법이다(연봉 협상이 다르게 진행된 경우라도 말이다).

☞ 요즘 성별 임금 격차에 대한 관심이 높아지고 있는 상황이라 마틴과 제 연봉에 차이가 크다는 것이 어떤 문제로 번질까 우려스럽습니다. 같은 일을 하고 있는데도 이렇게 큰 차이가 나는 이유가 무엇인지 설명해주실 수 있나요?

상사의 답변에 따라 아래와 같이 말해야 될 상황이 생길지도 모른다.

☞ 동일한 업무를 하지만 성별에 따라 연봉을 달리하면 저희가 동일임금법을 위반하는 게 됩니다.

'저희'라는 말은 의도적으로 넣은 것이다. 적대적으로 보이지 않고, 공동

의 문제라는 듯한 어감을 준다면 당신이 바라는 결과를 얻을 확률이 높아
진다.

---

33 | 휴가 중에도 업무 연락에 시달립니다.

휴가 때마다 전혀 급하지도, 중요하지도 않은 전화와 이메일에 시달린다
면 바로잡아야 한다. 휴가 중에도 업무를 처리하는 것이 상호 인정되는
직업도 있다. 그러나 일반적으로는 1~2주 정도는 아무런 방해받지 않고
자리를 비울 수 있어야 한다.

　가장 효과적인 방법은 휴가 중에는 연락이 어려울 거라고 회사에 미리
고지하는 것이다.

☞　　휴가 중에는 전화를 받기가 어렵습니다. 제게 필요한 것이 있으면 지금 말씀
　　　해주시길 바랍니다.

그리고 난 뒤 자신이 한 말을 지키는 것이 중요하다. 전화는 모두 음성 사
서함을 넘기고 휴가가 끝날 때까지 모른 척해야 한다. 그러나 회사 분위

기상 통하지 않을 것 같다면, 상사에게 문제를 직접 언급하는 편이 낫다.

☞ 제가 휴가 갈 때마다 급하지 않은 일로 회사 전화를 받는 경우가 있습니다. 이
번 휴가만큼은 완벽히 외부와 차단되어 재충전하고 싶습니다. 사무실에서 제
게 전화를 하는 일이 없도록 조치해주실 수 있을까요?

그러나 만약 상사가 주범이라면, 이렇게 말해보자.

☞ 혹시 제가 처리해야 할 업무가 있다면 지금 말씀해주시고 남은 일은 다른 직
원에게 인계해놓고 싶습니다. 괜찮을까요?

이래도 통하지 않을 것 같다면 전화 연결이 안 되는 곳으로 여행을 간다
고 말하는 방법도 있다.

상사가 전화로 여자친구와
야한 대화를 나누는 소리가 들려요

저희 상사는 여자친구와 통화를 자주하는 편입니다. 전화로 '야릇한' 대화를 많이 나눠요. 상사가 자기 방 문을 열어둬서 직원들에게 다 들리죠. 무척 짜증나고 프로답지 않다고 생각해요. 그러나 저는 이곳에 온 지 얼마 되지 않았고, 저 말고 다른 직원들은 그다지 신경 쓰는 것 같지 않거든요. 상사가 편하게 다가가기 어려운 성격이라 가능한 무시하고 모른 척하기로 했어요. 대화 수위는 보통 보호자 동반 관람 수준이고요.

그런데 최근에는 대화 내용이 너무 야해서 청소년 관람 불가 수위예요. 무엇보다 회사에서 그런 통화를 한다는 것에 정말 충격을 받았어요. 팀장급에 오른 분이 어떻게 아무렇지도 않게 저런 행동을 하는지 이해가 가질 않아요. 다른 사람들도 가만히 있으니 저도 계속 무시하는 게 좋을까요?

-------------------- SAY SOMETHING LIKE THIS --------------------

정말 이상한 사람이네요. 저라면 이 상황이 너무 웃겨서 에피소드를 모아 나중에 주변 사람들한테 들려줄 것 같지만, 재미있다고만 생각하는 사람은 많지 않을 것 같네요. 몇몇/많은/대다수의 사람들은 상당한 불쾌감을 느끼거나, 일터가 성적인 분위기에 휩싸이는 것을 원치 않을 테니까요. 충분히 그렇게 느낄 만한 사안

입니다.

만약 근속 기간이 길고 상사와 적절한 관계가 형성되어 있다면, 야릇한 대화가 오가려고 할 때 상사의 방 문을 닫거나 "팀장님, 여자친구와의 관계를 너무 자세하게 알게 되는 것 같은데 앞으로는 문을 닫고 통화해주실 수 있을까요?"라고 말할 수 있겠죠. 혹은 "통화 소리가 다 들리는 거 혹시 알고 계세요? 몇몇 대화는 듣기에 거북해요", "성인 영화 채널을 틀어놓고 일하는 기분이에요" 등 '징그러우니 이제 그만 좀 해요'라는 메시지를 우회적으로 전달하는 화법을 쓸 수 있을 것 같아요.

새로 온 직원이라고 해도 원한다면 직접 말할 수 있어요. 이런 식으로요.

"팀장님, 제가 있는 곳에서 통화하시는 목소리가 들리는 것을 모르시는 것 같아요. 큰 문제는 아니지만, 조금 전과 같은 대화처럼 사적인 이야기는 제가 들어선 안 될 것 같아서요. 앞으로 혹시 지나치게 사적인 대화가 오갈 때는 제가 팀장님 방 문을 닫아도 될까요?"

하지만 직장에 입사한 지 얼마 안 되었고, 다른 직원들은 불쾌해하는 것 같지 않고 또 상사에게 편히 다가가기 어렵다고 하셨죠. 직접 나서기 어렵다면 두 가지 방법을 시도해볼 수 있겠어요.

1. 문제를 해결할 수 있는 사람과 상의하세요.

조직마다 그 대상이 다를 거예요. 상사에게 문제 행동을 당장 멈추라고 말할 수 있는 야무진 비서나 상사가 있는 곳도 있고, 엄격한 인사팀을 통해 문제를 보고해야 하는 조직도 있고요. 일하시는 회사의 구조는 잘 모르지만, 당신이 판단하기에 합리적인 사람이 있거나 조직 내 분위기를 이끌 수 있는 사람이 있다면 그분에게 가서 조심스럽게 이야기를 꺼내보는 것이 좋겠어요.

"저는 팀장님과 일하는 것이 무척 만족스럽지만, 문을 열어놓은 채 여자친구와 굉장히 사적인 통화를 나누세요. 성적인 대화를 나누는 경우도 있고요. 제가 입사한 지 얼마 되지 않아 팀장님께 바로 말씀드린다면 어색하고 불편한 상황이 될 것 같아요. 팀장님께 문제 행동을 멈춰달라고 말해줄 사람이나, 적어도 방 문이라도 닫아달라고 말할 수 있는 사람이 있을까요?"

2. 헤드폰을 쓰세요.

사회적으로 부적절한 성향의 직장 동료를 상대하라고 신이 내리신 선물이 바로 헤드폰이죠. 이 선물을 적극 활용하세요.

34 | 회사에서 자리를 자주 비웠어요.

질병이나 약속 혹은 개인 생활 등을 이유로 업무에 소홀해졌다면, 자신이 굳이 먼저 해명을 하고 싶지도 않고, 상사가 이 상황을 눈치 채지 못하길 바랄 것이다. 그러나 당신이 자주 자리를 비운다면 그 이유를 상사에게 자발적으로 알리는 편이 훨씬 낫다. 직접 말하지 않으면 상사는 잘못된 결론을 도출할 수도 있다(당신이 정신이 다른 곳에 팔렸거나, 이직을 위해 면접을 보러 다니거나, 그저 무책임하고 불성실한 사람이라고 생각할 수 있다).

그러니 이렇게 말해야 한다.

☞ 최근에 제가 자리를 자주 비우는 경우가 많았습니다. 건강에 문제가 좀 생겼는데 병원도 자주 가야 하고 병가도 자주 내야 하는 상황이라서요. 하지만 곧 마무리될 것 같습니다. 궁금하실까봐 미리 말씀드립니다.

너무 자세한 내막을 설명할 필요는 없다. 그저 '건강 문제'와 같이 대략적인 사유를 설명하는 것만으로도 충분하다. 당신이 베짱이처럼 구는 게 아니라 그럴 만한 사유가 있다는 것을 상사에게 알리면 된다.

35 | 휴가를 쓸 때마다
상사가 눈치를 줘요.

휴가는 복리후생에 포함된 마땅한 권리로 결코 죄책감을 느껴야 할 사안이 아니다. 그럼에도 불구하고, 휴가 신청을 태만한 행위로 여겨 어떤 이유로든 출근하지 않는 것을 불편해하는 하는 상사들이 있다.

만약 상사가 휴가 이야기만 꺼내도 얼굴을 찌푸리거나, 이런저런 이유를 들어 지금은 휴가를 쓸 때가 아니라는 기색을 내비치면 직접적으로 말해야 한다.

☞　휴가 신청서를 냈을 때 제게 게으르다고 말씀하셨는데, 농담인지 진담인지 구분이 잘 안 됩니다. 사내 복지에 포함된 휴가를 쓰는 것은 문제가 아니라고 생각하는데, 혹시 제게 다른 문제가 있어서 그런 말씀을 하시는 건지요?

☞　휴가 낼 기회를 못 찾아서, 2년 가까이 휴가를 가지 못했습니다. 휴가 없이 계속 일하기는 현실적으로도 불가능하고, 재충전할 시간이 필요합니다. 회사에서 제공하는 복지 혜택을 누리고 싶습니다. 몇 달 내로 제대로 된 휴가를 가고 싶은데, 방법이 없을까요?

☞　7월에는 사무실을 비우기 어렵다는 말씀은 잘 알겠습니다. 그러나 제가 휴가를 신청할 때마다 몇 번이나 좋은 시기가 아니라는 말씀을 들었어요. 제가 자리를 비우기 좋은 때는 없을 것 같지만 정말 휴식을 취할 시간이 필요합니다.

억지로라도 시간을 만들지 않으면 도무지 휴가를 갈 수 없을 것 같은데, 이렇게 내내 일만 하는 것은 현실적으로 불가능합니다. 그나마 나은 시기가 언제인지 말씀해주시면 제가 없는 동안 업무에 지장이 없도록 최대한 마무리해놓겠습니다.

---

36 | 상사 앞에서 눈물을 보였어요.

내 사무실에서 눈물을 보인 직원들이 무척 많았다. 내가 눈물을 쏙 뺄 만큼 무서운 사람이어서가 아니라, 생각보다 회사에서 눈물을 보이는 사람들이 많다는 방증이다. 경험에 비추어보면 일을 중요하게 여기는 사람일수록 회사에서 울 확률도 높다. 자신이 하는 일에 마음을 쏟다보면 부담감이 심해지고, 자신이 바라는 대로 일이 풀리지 않을 때 느끼는 좌절, 분노, 실망감도 더욱 크기 때문이다. 눈물을 유발하는 감정 말이다. 일터라고 해서 마법처럼 눈물이 마르고 감정이 마비되는 것은 아니다.

그럼에도 상사 앞에서 우는 것은 상당히 당황스러운 일이다. 만약 이런 일이 벌어졌다면 몇 가지 방법이 있다. 가벼운 눈물은 이렇게 넘어갈 수 있다.

☞   죄송합니다. 제가 이 문제로 스트레스를 받아서요. 지금 보신 제 모습은 잊어주시길 바랍니다.

추스를 시간이 필요하다면 이렇게 말해도 된다.

☞   몇 가지 이유로 감정이 좀 격해져서요. 잠시 나가서 물 한 잔 마시고 들어와도 될까요?

당시에 아무 말도 못했다면 나중에 기회가 있을 때 설명할 수도 있다.

☞   어제 감정적인 모습을 보여서 민망합니다. 양해해주시길 바랍니다. 어제 시간을 내어 대화를 나눌 수 있어 감사하게 생각하고, 말씀하신 내용해 대해 다시 생각해보고 있습니다(당신이 감정에 휩쓸려 어제 나눈 대화를 완벽히 이해하지 못한 것이 아님을 강조해야 한다).

상사가 업무에 대해 부정적인 피드백을 할 때 눈물을 보였다면 특별히 주의해야 한다. 상사는 당신이 비판적인 피드백을 듣는 것을 힘들어한다고 여겨 이후에는 피드백하기를 망설이거나, 성장에 도움이 되는 이야기에 예민하게 반응하는 사람이라 치부할 것이다. 따라서 이런 상사의 짐작은 사실이 아니고, 자신이 상사의 의견을 경청하고 있음을 분명히 해야 한다. 이런 경우에는 다음 날 다음과 같은 이메일을 보내는 게 좋다.

☞ 어제 조언 감사합니다. 말씀하신 부분들이 업무에 잘 반영될 수 있도록 하겠습니다.

---

37 | 고용주가 법률을 위반하는 것을 알게 되었어요.

제때 월급을 지급하지 않는다거나 종교를 이유로 차별하는 등 불법을 저지른다면, 변호사를 찾아가거나 관련 기관에 신고하는 방법이 있다. 그러나 솔직한 대화를 통해 고용주와 좋은 관계를 유지하면서도 상황을 해결할 수 있다. 당신의 분명한 권리이긴 해도 바로 법적 절차를 따른다면 회사 분위기가 적대적으로 변해 오히려 당신이 힘들어질 수도 있다.

여기서 중요한 것은, 불법인 줄 알았다면 회사가 하지 않았으리라고 믿는다는 듯 말해야 한다는 점이다. 설사 고용주가 잘 알면서 법령을 어기는 것 같더라도, 수치심을 모르는 상습범에게 말하듯 하면 원하는 결과를 얻을 확률은 낮다.

☞ 근로기준법으로 연장 근로 수당을 지급해야 하는 것으로 알고 있습니다. 원하신다면 연장 근무를 할 수 있지만 혹시나 우리가 법적으로 불미스러운 상황이

생길 수 있어서 말씀드립니다.

☞ 제 월급을 신고하지 않는다면 우리가 곤란한 상황에 처하게 될 수 있습니다. 법적으로 근로소득세를 납부할 의무가 있습니다.

☞ 법적으로는 성별에 따라 업무에 차등을 두는 것이 금지되어 있습니다. 법률에 따라 우리가 법적 문제에 휘말릴 소지가 있습니다.

이 대화를 나눌 때 중요한 점은 적대적인 어조가 아니라 협력적인 태도를 보여야 한다는 것이다. 회사의 법적 의무를 설명할 때 '당신'이란 단어 대신 '우리'를 쓰는 것도 같은 이유다. 당신이 법적 위협을 가하는 것이 아니라 회사의 입장을 걱정한다는 관점으로 접근하는 것이 핵심이다.

엄밀히 말해, 당신이 원한다면 분명한 법적 위협을 가할 수 있다. 그러나 그보다는 회사의 안위를 걱정하는 화법을 쓰면 고용주와 좋은 관계를 유지하면서도 당신이 바라는 결과를 이끌어낼 확률이 훨씬 높아진다. 만약 회사의 방침이 변하지 않는다면 회사를 상대로 언제든 소송을 할 수 있다. 그러나 위처럼 대화를 풀어간다면 당신이 법적 조치를 취해야 하는 상황까지는 벌어지지 않을 것이다.

----

38 | 매달 각출하는 점심 회식 비용이 부담스러워요.

우리가 직장에 다니는 이유는 돈을 벌기 위함이지 쓰기 위해서가 아닌지라, 이 기본적인 공식을 충족하지 못한다면 불만이 생길 수밖에 없다. 이런 문화가 직원들에 의해 생겨난 경우도 있다. 가령, 함께 일하는 직원들이 경제적 부담을 고려하지 않고 점심 회식을 정기적으로 갖고 싶어하는 경우다. 부하직원의 재정 상황은 고려치 않는 상사가 모임을 주선하는 조직도 있다.

당신이 원치 않는 비용을 내야 하는 모임에 정기적으로 참여해야 하는 분위기라면, 특히 당신을 제외한 다른 사람들은 모두 즐기는 분위기라면 의견을 솔직히 밝히기가 상당히 어렵다. 많은 사람들이 돈 이야기를 꺼내는 것을 불편해하는데, 더욱이 '당신이 보기에는 내가 충분히 감당할 수 있다고 생각하겠지만 사실 형편이 그리 여유롭지 않다'는 식의 이야기는 더더욱 그렇다.

그러나 웬만한 상사라면 이런 모임으로 누군가가 불편함을 겪고 있는 것은 아닌지 신경 쓰게 마련이다. 정말 괜찮은 상사는 사비로 점심 회식을 진행하는 것을 원치 않고, 당신이 슬쩍 이야기만 꺼내도 경비를 부담스러워하는 직원들이 많을 수 있다는 점을 우려할 것이다. 따라서 상사에게 말하는 것이 군이 자신의 재정적 상황을 드러내는 거라고 생각할 필요는 없다. 회사 내 어떤 일이 처음 의도와는 다른 방향으로 진행되고 있는 것뿐이므로 그런 느낌으로 전달하면 된다.

☞ 팀원들끼리 함께 모임을 갖는 것이 여러모로 도움이 되지만, 한 달에 한 번씩 점심을 먹는 비용이 제 예산을 초과하는 수준입니다. 직원들이 사비를 들이지 않고 미팅을 할 방법이 있을까요?

적당한 비용을 내면서 모임을 계속 유지하고 싶은 경우, 몇 가지 대안을 제시하기만 해도 상황은 쉽게 해결된다.

☞ 다른 음식점에서 점심 회식을 진행하는 것은 어떨까요? 저희가 가는 식당들이 조금 비싸게 느껴져서요. ○○ 음식점에서 저렴한 점심 뷔페를 운영하고 있어요. 아니면 길 건너 샌드위치 가게가 메뉴도 괜찮고 저희가 모두 앉을 만한 큰 테이블도 있고요.

39 | 퇴근 후에는 회사 사람들과 어울리고 싶지 않아요.

공연 관람, 저녁 회식, 단체 액티비티 등 직원들이 퇴근 후 동료들과 함께 어울리는 것을 즐거워할 거라고 생각하는 회사가 많다. 팀의 사기와 유대감을 높이는 목적이지만, 사실 대부분의 사람들은 달력에 일정을 추가해야 하는 일이 생기는 것도, 매일 같이 얼굴을 보는 동료들과 회사 밖에서 시간을 보내는 것도 그다지 좋아하지 않는다. 내성적인 사람, 워킹맘/워킹대드, 집이 먼 사람, 혹은 얼른 집에나 가서 소파에 쓰러지고 싶은 마음을 추스르고, 회사에서 요구하는 '의무적인 즐거움'을 누리는 척하느라 고생하는 모든 이에게 심심한 위로를 전한다.

그러나 회사에서 주최하는 모임에서 빠져나갈 수 있다. 가장 쉬운 방법은 다른 약속이나 일정이 있다고 말하는 것이다. 빠져나가기 쉬운 핑계이고, 회사 입장에서는 마땅히 반박할 여지가 없다.

☞ 그날 퇴근 후 약속이 있는데 날짜를 변경하기가 어렵습니다(회사에서는 어떤 약속인지 알릴 필요까지는 없다. 소파와 약속도 약속이 될 수 있다.).

☞ 반드시 참석해야 하는 가족 모임이 있습니다.

그날의 모임 성격이 자신의 취향이 아니라고 밝힐 수도 있다.

☞   제가 술을 잘 못 해서요. 모두 내일 뵙겠습니다.

☞   볼링이 저랑 좀 안 맞더라고요. 다음 달에 열리는 모임은 무척 기대하고 있어요.

농담처럼 말할 수도 있다.

☞   오늘 저녁만큼은 제 매력에서 잠시 풀어 드리겠지만, 내일 아침에는 마음 단단히 먹고 오셔야 할 겁니다.

정말 솔직하게 이야기하는 것도 방법이다. 퇴근 후 모임이 많은 편이고, 상사가 늘 참석하지 않는 이유를 궁금해하는 것 같으면 차라리 이렇게 이야기하는 것이다,

☞   퇴근 후 팀원들이 자주 모임을 갖는 것은 잘 알고 있습니다. 다만, 제가 다른 볼일 때문에 참석하기가 어렵습니다. 혹시나 제가 팀원들에게 문제가 있거나 회사에 불만이 있어서 불참하는 것으로 생각하실까봐 말씀드립니다.

여기서 '다른 볼일'은 '아이를 돌봐야 해서', '퇴근 후 듣는 수업이 있어서' 등 무엇이든 괜찮다. 그러나 만약 이 '다른 볼일'이 '저녁 시간이 되면 너무 피곤하고 직장 동료들과 같이 어울리고 싶지 않다'라면 이렇게 말할 수 있다.

☞ 제가 일 끝나면 기운이 하나도 없어서, 집에 가서 쉬어야 해요 그래서 참석하기가 힘들 것 같아요(조금 더 우회적으로 말하고 싶다면 "제가 저녁에 약속이 좀 많은 편이라서요" 정도가 될 수 있겠다).

 독자 사연

단체 활동에 참여하지 않는다고
업무 평가에서 불이익을 받고 있어요

저는 제법 규모가 큰 사무실에서 팀원 열다섯 명과 함께 일하고 있어요. 1년 전쯤 새로운 팀장이 왔어요. 나이도 젊고 마라톤, 스노우보딩, 하이킹 등 다양한 운동을 즐기는 분입니다. 팀장님이 팀 빌딩을 중요하게 여기는데, 제가 힘든 지점이 바로 이거예요. 의무적인 게 아니라고는 말하지만 저랑 다른 팀원 한 명, 이렇게 둘만 참여를 안 하거든요. 제가 스포츠를 싫어하는 것은 아니에요. 과거에는 이런 운동을 자주 하기도 했어요. 다만, 팀장님은 과격한 액티비티를 즐기는 게 문제예요. 16km 하이킹, 5km 장거리 달리기, 암벽 등반, 파라세일링 같은 거요.

제가 몸이 좀 안 좋아서 무리한 운동을 하면 안 되거든요. 보드 게임이나 공원에서 바비큐 파티 등을 제안했지만, 이런 활동은 별로 재미가 없다고 다른 팀원들에게 의견도 물어보지 않고 제 이야기를 묵살했어요.

매달 모임을 불참한다는 이유로 월간 평가서에 제가 '팀 플레이어가 아니고 팀 빌딩 활동에 참여하지 않는다'라고 적었어요. 저 말고 참여하지 않는 다른 직원에게도 따로 물어봤더니 같은 내용이 적혀 있었다고 해요. 이것만 빼면 좋은 상사인데, 건강상의 이유로 16km 하이킹이나 달리기를 하지 못한다고 해서 인사 고과에 문제가 생기는 것은 부당하다고 생각해요. 팀장에게 이야기하고 월간 업무 실적 평가에 이런 코멘트를 삼가달라고 말하는 게 좋을까요? 아니면 인사팀에 말해야 할까요? 고자질쟁이가 되고 싶지는 않지만 윗선에서는 저희 팀에서 벌어지고 있는 상황을 잘 모르는 것 같고, 인사팀에서 안다면 팀장님이 주관하는 활동 중 반은 금지시킬 거라고 확신해요.

-------------------------- **SAY SOMETHING LIKE THIS** --------------------------

어휴, 정말 나쁜 상사네요. 마라톤 선수나 암벽 등반 선수가 아닌 이상에야 이런 활동에 참여하지 않는다고 업무 평가에서 부당하게 점수가 깎여서는 안 되죠.

함께 하고 싶지만 건강 문제로 할 수 없다고 팀장에게 말한 적 있나요? 아직 안 했다면 이제라도 밝혀야 합니다. "팀 빌딩 활동에 적극 참여하고 싶지만(팀 플레이어라고 밝히는 대목이에요), 건강 문제로 달리기나 암벽 등반과 같은 운동을 할 수가 없습니다(굉장히 타당한 이유를 제시하는 거고요). 저도 참여하고 싶은 마음이 크니(다시 한 번 팀 플레이어임을 강조하고), 스포츠가 아닌 다른 활동으로 대체할 수 있을까요?"

이렇듯 참여할 수 있는 활동으로 바꿔달라고 이야기하는 사람을 두고 팀 플레이어가 아니라고 주장할 수는 없는 노릇이죠.

이렇게 덧붙이는 것도 중요해요. "제 건강 문제가 업무 실적 평가 요소 중 하나로 고려되어서는 안 된다고 생각합니다. 이 부분에 대해서 다시 고려해주시겠습니까?"

건강상의 사유란 말을 들었을 때 정신이 번쩍 들 거예요. 사실 업무와 무관한 단체 활동에 참석하지 않는다고 처벌하는 것만으로도 이미 도를 넘어선 것인데, 만약 건강 문제가 끼어 있다면 법적으로도 문제가 될 수 있거든요. 이렇게 말해도 반응이 없다면 이제는 인사팀을 찾아갈 때입니다. 상사의 행동은 무척이나 잘못되었고, 권위 있는 누군가 개입해 잘못된 행동을 일깨워주어야 하니까요. (자세히 말하자면, 만약 인사 고과에 불이익을 당하지 않았다면 인사팀을 찾아가지 않는 편이 나아요. 물론 팀장의 정신 상태에 문제가 있는 것은 맞지만 인사팀에 찾아갈 사안은 아닐 수 있거든요. 하지만 업무 평가나 인사 고과에서 불이익을 당하고 있으니 이제는 심각한 상황이 된 거죠.)

사실 끝도 없이 계속되는 광적인 스포츠 활동에서 빠져나오기 위해 건강 문제를 언급할 필요도 없다고 생각해요. 정상적인 사람이라면 건강이나 안전상의 문제를 떠올리는 것이 당연할 테니 그냥 '위험한 활동을 하고 싶지 않다'고 말해도 된다고 생각해요. 팀 빌딩이라는 명목으로 업무와 상관없는 야외 활동을 계속 강요한다는 것은 상사의 판단력이 부족하다는 방증일 뿐 아니라, 팀장이 왜 그렇게도 스포츠에 집착하는지에 대한 의구심을 불러일으킬 수밖에 없죠. 어떤 사람에게는 재밌는 활동이 다른 사람에게는 하고 싶지 않은 일일 수 있고, 억지로 유대감을 쌓으려는 제스처가 의도와는 달리 외려 사람 사이를 멀어지게 만드는 경우가 훨씬 많아요. 몸을 혹사하는 활동이라면 더더욱 그렇죠. 누구나 즐겁게 할 수 있는 활동이 아니니까요.

이상한 활동을 강요한 것뿐 아니라 불참을 빌미로 직원들에게 불이익을 주었다는 것이 알려진다면 정말 심각한 문제가 될 거예요.

40 | 개인적으로 힘든 일을 겪고 있다고 알리고 싶어요.

이별이나 가족 구성원이 중병에 걸린 것처럼 개인적으로 힘든 시기를 겪을 때 상사에게 미리 말해두면 당신의 일이나 태도에서 이상한 점이 있어도 어느 정도 양해를 구할 수 있다.

☞   요즘 제게 개인적으로 좀 힘든 일이 생겼습니다. 일에는 영향을 주지 않으려

최선을 다하고 있지만 혹시나 제가 평소와는 약간 다르다고 느끼실까봐 미리 말씀드립니다.

위와 같이 간단히 언급해도 되고, 괜찮으면 조금 더 구체적으로 설명해도 된다. 물론 이혼이 진행되는 과정에 대해 모두 털어놓을 필요는 없지만, 현재 자신이 겪고 있는 어려움이 이혼(또는 본인의 질병, 부모님 간병 등)이라는 사실 정도는 말할 수 있다.

대부분의 상사는 당신을 걱정하고, 미리 알려줘서 고맙게 생각할 것이며, 도움을 줄 수 있는 방법이 있을지 마음을 써줄 것이다.

41 | 병원 치료 때문에 근무 중에 자리를 비워야 해요.

업무 시간 중 치료를 받기 위해 자리를 비우는 것을 상사에게 말하기 어려워하는 사람들이 많은 것으로 알고 있다. 그도 그럴 것이 한두 시간만 자리를 비우는 것이 아니라 보통 1주일 혹은 2주일에 한 번씩 정기적으로 병원에 가야 하기 때문이다. 보통은 요일을 지정해서 꾸준히 치료받아야 하는 경우가 많다.

좋은 소식은 굳이 상사에게 100퍼센트 자세하게 설명할 필요는 없다는 것이다. 이 정도만 말해도 된다.

☞ 당분간 매주 병원에 가야 하는 상황입니다. 업무 시간 중에 자리를 비우는 만큼 추가 근무를 하겠습니다. 제가 어느 요일에 진료를 잡는 것이 팀장님께서 편하실까요? 오전이나 오후 중 언제가 좋을까요?

병원에 가는 일이라면 이 정도로만 말해두면 된다. 너무 자세히 알릴 필요도 없고, 상식적인 상사라면 자세히 캐묻지도 않을 것이다.

---

42 | 팀에 결원이 생긴 자리에 친구를 추천하고 싶어요.

경고 사항: 친구라는 이유 하나만으로 회사에 추천해선 안 된다. 누군가의 보증인이 되는 순간 당신의 평판도 위험해질 수 있으므로, 그 친구가 적합한 인재라는 확신이 있어야 한다. 사무실 책상에서 졸거나 상사에게 대드는 신입 직원을 추천한 사람이 당신이라고 손가락질 받는 것만은 피하고 싶을 테니까.

그러나 친구가 업무에 적합한 능력을 갖추었고, 똑똑하며, 대인관계도 원만하다는 확신이 있다면, 그리고 평판이 나빠질 위험까지 기꺼이 감수할 준비가 되어 있다면 대부분의 상사는 성실한 직원으로부터 인재를 추천받는 것을 상당히 기쁘게 여긴다.

이때, 자신이 모르는 부분도 있다는 것을 분명히 밝히는 것이 중요하다. 친구와 함께 일해본 적이 한 번도 없다면 분명하게 말하는 게 좋다.

☞ 제 친구 제나가 지역사회 지원 자리에 지원했습니다. 같이 일해본 적이 없어 복지 활동 관련한 역량에 관해서는 잘 모르지만, 똑똑하고 유머러스하며 글 솜씨가 좋은 것만은 확실합니다. 다른 사람들과 소통도 정말 잘해요(친구의 장점 가운데 해당 자리에 필요한 자질을 언급한다).

친구와 같이 일한 경험이 있다면, 당신의 의견이 조금 더 진지하게 받아들여질 것이다. 이 경우에는 이렇게 말한다.

☞ 제 친구 제나가 지역사회 지원 자리에 지원했습니다. 저희 회사에 필요한 인재상이라고 생각합니다. 예전에 수질 오염 방지 캠페인을 함께 한 적이 있었는데, 대단한 존재감을 발휘했어요. 글도 잘 쓰고, 같이 일하는 사람들을 하나로 뭉치게 하는 능력도 뛰어납니다. 면접까지 진행해볼 만한 지원자라고 생각합니다.

43 상사가 고용하려는 직원이 과거 저와 사이가 나빴던 동료였어요.

대다수의 상사가 마음속에 염두에 둔 지원자에 대한 직원들의 평가에 큰 관심을 보이고, 특히나 과거에 함께 일했던 경우라면 더더욱 경청하려고 한다. 이성적인 사고와 판단만으로 좋은 직원을 뽑을 수 없는 만큼, 지원자를 알고 있는 사람들이 들려주는 솔직한 이야기가 무척 중요한 정보로 작용한다. 상사와 신뢰 관계를 쌓았다면 당신의 의견이 상당히 큰 비중을 차지하게 된다.

해당 지원자를 반대하는 데 가능한 구체적인 이유를 드는 것이 중요하다. '저는 그 사람 별로예요' 식의 접근은 통하지 않는다. '그룹 프로젝트에서 자신의 책임을 다하지 않았고, 인턴 직원들에게 무례하게 굴었습니다' 혹은 '성격이 예민해 쉽게 도움을 요청할 수 있는 사람은 아니었습니다' 등의 발언이 훨씬 크게 작용한다.

상사가 당신이 과거에 지원자와 같은 직장에 있었던 사실을 안다면 당신의 의견을 구할 것이다. 만약 그렇지 않다면, 먼저 나서서 이렇게 말하는 것도 방법이다.

☞ 테드와 함께 일한 적이 있는데, 몇 가지 문제로 인해 이 자리에 어울릴지 걱정스럽습니다. 제가 느꼈던 바를 말씀드려도 될까요?

누구나 면접을 볼 때 회사나 직무에 대해 가능한 정확하고 솔직한 이야기를 듣고 싶어한다. 출근할 때마다 끔찍한 기분을 느끼고 싶지 않기 때문이다. 따라서 상사와 함께 면접을 진행하는 중에 상사가 직무나 부서 문화, 본인의 관리 스타일에 대해 잘못된 정보를 전달하는 광경을 목격하면 꺼림칙한 기분을 지울 수 없다.

상사가 직무에 대해 설명하는 내용에 동의하지 않을 때는 비교적 어렵지 않게 당신의 생각을 말할 수 있다. 이견을 밝혀도 상사가 조직 문화나 본인의 업무 스타일에 비해 덜 개인적으로 받아들일 사안이기 때문이다. 업무 성격을 조금 다른 관점으로 이해하고 있다는 어조로 접근하면 된다.

☞ 주요 업무에 대해 말씀하실 때, 글 쓰고 편집하는 것이 전부이고 행정 업무는 거의 없다고 하셨는데, 제 생각에는 행정 부분이 꽤 큰 비중을 차지하는 것 같습니다. 켈리가 이 일을 할 때 일정 조정, 전화 응대 및 그 외 행정적인 일을 처리하는 비중이 업무의 약 20퍼센트 정도였던 것으로 기억합니다. 저희가 직무를 설명할 때 이 부분도 포함하면 어떨까요? ('저희'라는 단어 하나만 추가하면 상사와 당신이 같은 편이라는 인상을 심어줄 수 있다.)

상사가 조직 문화를 설명하는 방식에 이견이 있을 때는 앞의 사안보다 조금 더 민감하고 사적인 영역에 발을 들여야 하는 상황이다. 이때는 아래와 같이 접근하는 것이 좋다.

☞ 사실 저희 회사가 그 정도로 유연한 조직은 아닌 것 같습니다. 물론, 견디기 힘들 정도로 엄격하지는 않지만, '유연하다'는 말을 들으면 사람들이 탄력근무제나 재택근무를 떠올리는 것이 일반적이라서요. 저희는 그런 제도를 운영하지 않는데, 사람들이 오해하고 입사했다가 이런 제도가 없는 것을 알고는 실망할까봐 드리는 말씀입니다.

그러나 상사가 본인에 대해 사실과 다르게 묘사할 때는 어떻게 해야 할까? 예를 들어, 상사가 지원자에게 자신은 업무 자율성을 보장해주는 편이라고 설명하지만 실상은 세부적인 것까지 모두 간섭하는 스타일이라면? "사실 지나치게 간섭하시잖아요"라고 말할 수는 없는 노릇이다. 그러나 이렇게는 말할 수 있다.

☞ 그저 제 의견이지만, 무조건적으로 위임하시는 편은 아닌 것 같습니다. 실무를 꼼꼼하게 챙기시는 쪽인데, 사실 저희 업무 성격상 그러실 수밖에 없죠. 그런데 지원자들에게 업무자율성을 강조하면 저희가 본의 아니게 자유롭게 일하는 것을 중시하는 사람을 뽑게 될까봐 우려됩니다.

최대한 개인적인 판단이 묻어나지 않도록 전달해야 상사를 비판하는 것처럼 들리지 않는다. 대의를 위한 선의의 거짓말로 '업무 성격상 그럴 수밖에 없다'고 표현하면 상사의 스타일이 타당하다는 것을 은연중에 드러낼 수 있다. '우리가 일하는 방식과 어울리는 사람을 고용하자'는 논조를 유지하는 것이 중요하다. 다시금 '우리'라는 단어를 선택하는 것을 명심하길 바란다. '우리'는 어떤 종류의 대화든 상사와 나눌 때 가장 유용한 단어다.

---

45 | 재택근무를 하고 싶어요.

회사에 따라 단순히 재택근무를 요청하고 사유를 밝히는 것만으로도 충분한 경우도 있다.

☞   사무실에서는 집중력을 발휘하기 어려울 때가 있습니다. 고도의 집중력이 필요한 일을 할 때는 한 달에 며칠 정도 집에서 작업해도 될까요? 지난달 수박협회에 투자 유치 제안서를 작성했을 때 재택근무를 했는데 큰 도움이 되었습니다.

이때 재택근무 빈도를 명확히 언급하는 것이 중요하다. 당신은 일주일에 이틀을 생각했지만, 상사는 한 달에 한 번은 괜찮다고 여겨서 승인할 수도 있다.

한편, 상사가 집에서는 회사에서처럼 열심히 일하기 어렵다고 생각하거나, 재택근무는 공동 작업이 어렵고 상사 자신이나 다른 직원들과 소통이 불편할 것을 염려해 반대 의사를 표한다면 더욱 설득력 있게 다가가야 한다. 앞에서 언급했던 것처럼, 지금 당장 바꾸는 것보다 일정 기간 동안 시험을 해보자는 식으로 말해야 수용될 확률이 높아진다.

☞ 재택근무가 팀에 불편을 끼친다고 생각하시는 점 잘 알고 있습니다. 괜찮으면 얼마간 재택근무를 진행해보고, 업무 성과를 수치화한 실제 데이터를 보며 다시 논의해보면 어떨까요? 팀장님께서 승인하시면 이번 달에 2~3일 정도 재택근무를 해보고 서로 의견을 나누고 싶습니다. 한번 해보고 문제가 생기면 없던 일로 하겠습니다. 다행히 별 문제가 없다면 재택근무를 하는 것이 여러모로 장점이 많을 것 같습니다. 요즘은 재택근무를 바라는 직원들이 많아서 향후 좋은 인재를 들이거나 이직률을 낮추는 데도 유리한 역할을 할 수 있고, 재택근무 제도가 여러 기업에서도 점차 확대되고 있으니까요.

46 | 상사가 고용 조건을 지키지 않아요.

입사 조건으로 일주일 휴가를 추가하기로 했거나 일주일에 하루는 재택 근무를 하는 등 고용주와 협의했다면, 이 같은 특별 조항이 충실히 이행 되어야 하는 것이 당연하다. 그러나 새로운 상사가 합의된 내용을 무시하 거나 전사적으로 재택근무를 금지하는 제도를 도입하는 등 상황이 달라 지는 경우도 있다. 서면 계약서를 작성하지 않았거나, 작성했다 해도 약 속된 조건이 지켜지지 않는다면 어떻게 해야 할까?

상사가 어느 정도 상식적인 사람이라면 이렇게 말해볼 수 있다.

☞   제게 중요한 일이라 입사 조건에 포함시켰습니다. 제가 입사했을 때와 상황이 달라진 것은 알지만 애초에 이 일을 수락했던 이유 중 하나였던 지라, 약속된 내용이 지켜지지 않는다면 제 복지 조건 자체가 크게 달라지는 상황입니다. 계약서대로 이행될 수 있는 방법이 없을까요?

고용주의 약속을 믿고 회사에 오기로 결심했고, 특정 조건이 회사를 선택 하는 데 중요한 역할을 했다는 점을 강조하는 것이 핵심이다.

상사가 꼼짝하지 않는다면, 변경된 조건에도 이 일을 계속할 것인지 결 정해야 한다. 그러나 먼저, 할 수 있는 데까지는 협상을 시도해서 어떤 다른 혜택을 얻을 수 있는지 따져봐야 한다.

독자 사연

출장 중에 동료와 한 침대를 썼어요

얼마 전, 동료 몇 명과 며칠 일정으로 출장을 다녀왔는데, 원래는 호텔 방을 두 개 예약하기로 되어 있었어요. 사실, 직장 동료와 방을 함께 쓰는 것이 불편하지만 비용을 아껴야 해서, 출장 때마다 참은 뒤 나중에 친구와 가족들에게 분통을 터뜨리곤 했죠.

그런데 이번 출장에서는 어쩌다 보니 침대가 두 개 있는 방 하나를 세 명이서 쓰게 되었어요. 입실하기 전까지도 전혀 몰랐어요. 지극히 개인적인 시간까지 다른 사람과 함께 해야 하는 상황이 얼마나 황당했는지 모릅니다. 더구나 함께 간 직장 동료는 코를 심하게 골고 잠꼬대도 하고 저보다 한 시간은 일찍 일어나는 사람이라, 정말 괴로웠습니다. 사실 저는 예민한 편이라 출장 때는 한시도 긴장을 풀지 못하는 성격이에요. 그런데 침대를 같이 쓰라니요? 아무리 좋아하는 동료라도 한 침대를 쓰고 싶지는 않습니다.

상사에게 문제를 제기하려는데, 어떻게 말해야 할까요?

세상에! 호텔 프런트 직원이 간이침대도 올려 보내지 않았나요? 반드시, 꼭, 기필코 상사에게 이야기해야 합니다.

"지난 출장 때 세 명이서 침대가 두 개뿐인 방에 함께 머물게 되었고, 저와 켈리가 한 침대에서 잠을 잤습니다. 동료와 침대를 함께 쓰는 것이 불편합니다. 아마 다른 직원들도 마찬가지일 거라 생각해요. 앞으로는 그런 일이 의도적으로 발생하지 않았으면 합니다. 그런 상황에서는 추가로 방을 예약하는 경비가 발생하더라도 회사 측에서 양해해주시길 바랍니다."

너무 말도 안 되는 상황이 벌어졌으니 상사가 당신의 제안을 단칼에 거절하지는 않겠지만, 혹시 거부하면 이렇게 말하세요.

"제게는 몹시 불편한 상황이고, 다시는 겪고 싶지 않습니다."

필요하면 이렇게 덧붙이세요.

"한 침대에서 잘 때 신체적으로 지나치게 접촉이 발생하는데, 이는 직원들에게 강요해서는 안 되는 것으로 알고 있습니다."

선을 명확히 해야 하는 사안입니다. '다시는 그러고 싶지 않다'는 논조를 흔들림 없이 유지해야 한다고 봐요. 혹시나 같은 상황이 벌어지면 호텔 프런트 데스크에 전화를 걸어 방을 하나 더 잡거나, 간이침대라도 요청하는 식으로 태도를 분명히 보여주세요.

47 | 회사 옮길 거냐고 상사가 자꾸 물어봐요.

현재 적극적으로 이직을 알아보고 있지만 아직 상사에게 알릴 단계는 아니다. 그런데 상사가 당신에게 회사 내에서의 장기적 계획을 묻거나 혹시 지금 다른 직장을 알아보고 있느냐고 물어오면 난감하다.

퇴사를 계획 중이라는 사실을 알려서 득될 게 없다면 다음과 같이 이야기해두는 게 안전하다.

☞ 미래를 장담할 수는 없지만 지금은 퇴사할 계획이 없습니다(거짓말은 아니다. 아직 최종적으로 결정된 사항이 없는 것은 사실이니까).

☞ 앞으로 어떻게 될지 모르지만, 지금 하는 일에 만족합니다.

☞ 제가 이곳에서 하기 어려운 일이라면 고려는 해볼 것 같지만, 현재로서는 퇴사할 계획이 없습니다.

48 | 퇴사하겠다고 말하고 싶어요.

퇴사를 진심으로 괴롭게 생각하는 사람들이 많다. 퇴사 의사를 회사에 밝히기를 두려워하거나, 상사나 조직에 큰 상처를 안길까 걱정하는 사람들이 보내온 사연이 셀 수 없이 많다.

다행인 것은 두려워하고 걱정하는 일이 실제로 벌어지지 않는다는 것이다. 퇴사는 그리 큰일도 아니고, 어려운 대화가 오가야 하는 일도 아니다. 그저 상사를 찾아가서(다른 지역에 근무하고 있다면 전화로) 자신의 의사를 밝히면 그뿐이다.

☞   여기서 정말 즐겁게 일했습니다. 많이 생각해본 끝에 퇴사하기로 결심했습니다. 9월 15일까지 근무하겠습니다.

이렇게만 말하면 된다!

상사가 사유를 물을 경우를 대비해 답변을 준비해놓지 않는다면 횡설수설하거나, 묻어두려고 했던 불만을 실수로 늘어놓을 수가 있다. 그때는 이렇게 말한다.

☞   좋은 기회가 와서 놓칠 수가 없었습니다.

☞　　　이곳에서 많은 것을 배웠지만 이제는 새로운 도전이 필요하다는 생각이 들었습니다.

즉, 이직을 생각하게 된 진짜 계기가 무엇인지 자세히 설명할 필요가 없다는 뜻이다. 당연히 원한다면 상사에게 말해도 된다. 그러나 괜한 일에 휘말리고 싶지 않다면 말하지 않는 게 낫다.

　또한 상사가 어떤 점이 개선되면 회사에 남겠느냐고 물어볼 경우도 생각해두어야 한다. 그러나 제안을 받아들이지 않는 편이 좋다. 퇴사를 결심하게 만든 요소가 바뀔 확률은 낮기 때문이다. 혹여 달라진다 하더라도, 사장에게 원하는 것을 얻어내기 위해 퇴사 카드를 쓰는 것은 아니지 않은가? 어찌되었든 이런 질문에 대비를 해두어야 불시에 기습을 당하는 일을 피할 수 있다.

 TIP

이직 제안 받은 상황을 연봉이나 승진 협상의 카드로 활용하면 어떨까?

이직 제안을 연봉 인상이나 승진을 위한 협상 카드로 사용하려면 신중해야 한다. 보통은 자신의 능력만으로 협상하는 편이 훨씬 낫다(원하는 바를 달성하지 못하면 이직하겠다고 생각하면 된다).

고용주는 좋지 않은 시기에 직원이 떠날까봐 걱정하지만, 사실 이 역학관계를 바꾸는 키를 쥐고 있는 것도 그들이다. 불안함이 잦아들고 직원을 다시 붙잡는 데 성공한 후에는 이제 고용주의 눈에 당신은 회사를 떠나려고 했던 직원으로 남아 추후 회사에서 인원 감축이 있을 때 당신을 불필요한 인재로 여길 확률이 높다.

중요한 것은, 조직 문화가 맞지 않거나, 경영진에게 불만이 있거나, 당신의 노고를 회사에서 알아주지 않는 등 처음에 당신이 이직을 알아보기로 결심한 이유가 있었고, 연봉 인상이라는 잠깐의 환희가 빛을 잃은 후에는 다시금 같은 문제로 힘들어할 거란 점이다. 더욱이, 단지 연봉 때문에 회사에 머문다는 것도 그다지 좋은 신호는 아니고, 이후 연봉 협상이 쉬워질 거라고 생각할 근거도 없다. 오히려 다음 연봉 협상 때 이런 말을 듣게 될 것이다. "지난 번 자네가 퇴사를 고민할 때 연봉을 상당히 올려주었잖나."

또한 이직 제안을 빌미로 연봉을 높이려 들 때 '그 수준까지는 우리가 맞추기 어렵겠군. 그럼 그 쪽으로 옮기는 것으로 알고 있겠네'라는 소리를 듣지 말라는 보장도 없다(주의사항: 이직 제안이 임금 인상이나 승진의 방법으로 통하는 업계도 분명 있지만, 당신이 몸담은 업계에서도 통용되는지 확실하게 확인하길 바란다).

49 | 퇴사하겠다고 했더니 상사가 괴롭혀요.

직원의 퇴사가 아쉽지만 결국은 수용하는 것이 대다수의 상사가 보이는 일반적인 반응이다. 소중한 직원이 회사를 떠난다는 소식을 듣는 것이 좋을 리 없지만 직장에서 흔히 벌어지는 일이고, 상사가 실망했을지라도 직원에게 질책하거나 고함을 치는 경우는 거의 없다.

그러나 '대다수'일 뿐 전부 그런 것은 아니다. 직원의 퇴사를 사적으로 받아들이고 부적절하게 행동하는 상사도 있다(내가 퇴사하겠다는 의사를 밝혔을 때 상사가 두 시간가량 사무실에 나를 가둬놓고 내가 회사를 배신하는 거라고 설교를 늘어놓은 적이 있다. 사회생활 초년생 때 벌어진 일이어서 잘 몰랐지만 지금이라면 자리를 박차고 일어나 사무실을 나왔을 거다).

상사가 당신에게 매너 없이 군다면 퇴사 결정도, 퇴사 날짜도 온전히 당신의 선택이라는 점을 명심해야 한다. 당신이 원치 않으면 상사는 당신에게 회사에 계속 머물거나 퇴사 일자를 연기하도록 강요할 수 없다. 당신은 식민지 시대의 노동자가 아니다!

퇴사를 빌미로 상사가 당신을 괴롭힌다면 오히려 더욱 밝고 활기차게, 단호한 태도로 이렇게 말하면 된다.

☞ 제가 떠나는 것을 아쉬워하는 마음은 감사하게 생각합니다. 그러나 오래 고민

했고, 이게 옳은 결정인 듯합니다. 9월 15일까지 출근하겠습니다. 업무를 차질 없이 잘 마무리하려면 어떻게 해야 할지 논의하고 싶습니다.

상사가 계속 부적절하게 행동해도 아래의 말을 거듭 반복한다.

☞ 깊이 고민했고, 생각이 바뀌지 않을 것 같습니다.

상황이 더욱 심각해지면, 가령 상사가 대놓고 적대적인 태도를 보인다면 이렇게 말해보자.

☞ 남은 2주 동안 잘 마무리하고 싶은데, 그렇게 말씀하시니 상당히 불편합니다. 얼마 남지 않은 시간 동안 좋은 모습으로 지낼 수 있을까요? 아니면 제가 퇴사 날짜를 앞당겨야 할까요?

마지막 문장은 이렇게 바꿀 수도 있다.

☞ 좋은 모습으로 지내지 못할 것 같다면 오늘이 이곳에서 일하는 마지막 날이 될 것 같습니다.

그러나 추후 평판에 대한 위험도 있으니 비교적 부드러운 앞의 화법을 선택해 좋은 관계를 유지하는 것이 현명하다.

50 | 회사에서 해고당할 것 같아 걱정입니다.

해고를 당할지도 모른다는 생각이 들 때는 상당히 끔찍한 두려움에 사로 잡힌다. 개인의 불안이나 망상에서 비롯된 생각이 아니라 진짜로 해고를 당할 것 같다면 상사에게 자신의 걱정을 직접 털어놓아야 한다.

☞   현재 제 상황에 대해 이야기를 나눌 수 있을까요? 제가 좀 헤매는 모습도 보이고, 생각하신 것만큼 빨리 업무에 익숙해지지 않는 것 같아서요. 지적하신 부분을 고치기 위해 노력하고 있고, 곧 기대하시는 모습을 보여드릴 수 있으리라 생각합니다. 그러나 팀장님께서 저에 대해 걱정하신다는 것을 알고 있기 때문에 현재 상황을 모른 척 해선 안 될 것 같아 여쭙습니다. 제가 팀장님께서 그리고 있는 방향으로 잘 가고 있는지요?

상사에게서 안심이 되는 말을 들을 수도 있다. 처음에는 누구나 힘들어하는 일이라거나 점차 나아지고 있는 모습을 충분히 보여주었기 때문에 앞으로도 잘 해나갈 거라고 상사가 말한다면 다행이다.

그러나 암담한 평가를 듣게 될 수도 있다. 그럴 경우에는 이렇게 대답하는 것이 좋다.

☞ 솔직하게 말씀해주셔서 감사합니다. 그렇다면 제가 다른 일자리를 알아볼 수 있도록 시간 여유를 허락해주실 수 있는지요. 팀장님도 제 후임을 구하셔야 하니, 모두에게 좋을 것 같습니다.

상사 대다수가 직원이 먼저 이런 제안을 해준 것을 다행스럽게 여긴다. 가능하면 직원을 해고하고 싶지 않은 것은 모두 같은 마음이라 상사에게 관계를 정리하는 데에 따른 부담을 줄여준다면 당신에게도 이로운 점이 있다. 직장에 소속된 상태에서 구직 활동을 할 시간을 벌 수 있고, 해고 기록이 남지 않으며, 해고당하는 것보다 상황 장악력도 커진다.

한편, 아주 조심해야 할 것이 한 가지 있다. 애초에 자신의 불안감에 대한 대화를 꺼내는 자체가 마침 고민 중이던 상사에게 해고를 부추기는 위험 요소로 작용할 수 있다. 따라서 현재 상황을 솔직히 논의하는 데 따른 가능성과 장점을 신중하게 따져야 한다.

2부 | **동료와의 대화**

어색해지지 않게, 유쾌하게 일하는 법

동료와의 관계는 까다롭다. 하루 중 대부분의 시간을 함께하는 사람들이지만 우리에게는 이들을 고를 수 있는 선택권이 없다. 동료와 좋은 관계를 유지해야 한다는 부담감 때문에 친구나 가족에게처럼 솔직하게 자신의 의견이나 생각을 말할 수도 없다. 또한 동료의 행동은 직장에서의 삶의 질과 업무에 큰 영향을 끼친다. 무엇보다 사내 정치를 고려하다 보면 별 것 아닌 대화마저도 걱정과 불안의 근원이 된다.

이런 다양한 문제로 인해 동료에게 문제를 제기하는 것이 힘들 수 있다. 그러나 타당한 방식으로 문제에 접근한다면 우리가 걱정하는 상황이 벌어지지 않고도 원하는 결과를 얻을 확률이 생각보다 높다. 이 장에서는 동료와의 문제를 해결하는 데 도움이 될 화법을 자세하게 다룬다.

우선 동료와 어떤 소재로든 불편한 대화를 나눠야 할 때 참고할 만한 몇 가지 중요 원칙에 대해 알아보자.

☑ **일상적이고 단순한 업무 문제를 얘기할 때와 같은 톤을 유지한다.**

'보내주신 파일이 안 열리는데, 다시 한 번 확인해주실래요?'와 같은 톤으로 말해야 한다. '나도 이런 이야기 꺼내기가 진짜 민망한데'라는 분위기가 여실히 느껴지도록 머뭇거리며 말한다면 동료도 그렇게 반응할 확률이 높다.

☑ 당신이라면 어떻게 할지 생각해본다.

만약 당신이 동료의 신경을 거스르는 행동을 했다면 고치고 싶지 않겠는 가? 그 순간에는 불편한 대화를 나누는 것이 어색하겠지만, 충분히 개선할 수 있는 행동으로 다른 사람을 짜증나게 하는 것보다 잠깐의 어색함을 견디는 편이 낫다.

☑ 대부분의 문제는 상사에게 보고하기 전 당사자에게 직접 이야기를 하는 것이 맞다.

상사를 개입시켜야 하는 상황도 있다. 직장 내 성희롱이나 고객을 상대로 한 사기 혐의 등 심각한 문제이거나 당사자에게 문제를 지적한 후에도 반복될 때에는 상사에게 보고를 해야 한다. 그러나 인간관계에서 비롯된 문제라면, 상사도 우선은 당사자들끼리 해결하기를 바란다. 마찬가지로 당신에게 어떤 문제가 있다면 동료가 상사를 통해 알리는 것보다는 당신에게 먼저 와서 말해주길 바랄 테니, 동료도 분명 그럴 것이다(물론 앞서 말했듯 심각한 사안은 예외다).

☑ 자신의 목소리를 낸다.

민감한 문제를 이야기할 때면 다수의 힘에 기대고 싶은 유혹에 사로잡히기도 한다. 이렇게 말하는 식이다. "회의 때마다 쓸데없는 소리를 하는 통에 사람들이 답답해해요." 혹은 "갑작스러운 회식은 다들 싫어해요." 다른 직원들도 당신에게 동의한다고 해도 모두를 대표해서 불만을 제기한다는 식의 화법은 상대에게 소외감을 느끼게 만든다(사람들이 모여 당신에 대한 뒷담화를 한다는 이야기를 듣는 것이 그리 기쁘지 않을 것이다). 또한 상대방이 당신과 의견이 다른 직원을 적어도 한 명이라도 알고 있을 경우, 메시지의 힘이 약해진다. 그러니 그저 당신의 의견을 이야기하는 것만으로도 충분하다 ("갑작스러운 회식은 자주 없었으면 좋겠어요").

☑ **때로는 자기 비하적인 태도가 문제 해결을 한결 쉽게 만든다.**

'당신이 좀 이상해요'라는 메시지를 전달하게 될까 걱정된다면 '제가 좀 특이한 구석이 있어요'로 살짝 바꾸면 된다. 예를 들면, 스킨십을 좋아하는 동료가 매번 포옹을 하는 것이 싫다면 이렇게 말해도 된다. "그만 좀 안아요." 그러나 두 사람의 관계가 전과 달라질 것이다. 다음과 같이 말하면 어색함을 피할 수 있다.

"친근한 마음에서 그러는 것은 알지만 제가 이런 걸 잘 못해요. 스킨십을 좀 어색해하거든요."

'당신이 문제가 아니라 내가 문제다'라는 화법으로 서로 거북한 상황은 최소화하면서 자신이 바라는 결과를 이끌어낼 수 있다. 이 방법이 통하지 않으면 그때 좀 더 진지하고 심각하게 메시지를 전달한다.

한 가지 주의할 것이 있다. 자기 비하적 발언이 효과가 있는 상황과 해서는 안 되는 상황을 파악해야 한다. 차별적 발언을 하고 싶지도 않고 듣고 싶지도 않을 때는 본인 문제인 것처럼 농담 삼아 넘겨선 안 된다.

☑ **다시 정상적인 분위기를 만들기 위해 노력한다.**

어색하거나 민감한 대화를 나눈 후에는 상대방과 일상적인 대화를 나눌 계기를 마련하는 것이 좋다. 상대방에게 나쁜 감정을 품고 있지 않다는 것을 보여주는 신호이자, 관계를 다시 설정하는 계기가 된다.

☑ 사사건건 문제 삼을 필요는 없다.

사람들과 함께 일한다는 것은 타인의 고약한 습관에도 노출될 수밖에 없다는 의미다. 타인의 행동과 습관이 당신의 업무를 방해하거나, 삶의 질을 심각하게 손상하거나, 의도치 않은 결과로 이어질 때는 말하는 것이 맞다. 그러나 몇몇 짜증을 유발하는 일들은 직장생활에서 마땅히 참고 견뎌야 하는 일이기도 하다. 불쾌감을 자아내는 행동이 비교적 사소하다면 어느 정도 참는 게 맞고, 적어도 참으려는 노력이라도 해야 한다.

1 | 동료가 소음을 내서 짜증납니다.

내가 가장 자주 받는 사연 중 하나가 바로 '제 동료는 너무 시끄러워요'
다. 이어폰을 끼지 않고 음악을 듣거나 스피커폰을 켜고 통화를 하거나,
쉴 새 없이 흥얼거리는 것 등이다. 별 것 아닌 문제 같지만, 바로 옆에서
이런다면 시간이 갈수록 스트레스를 받는다. 집중해야 할 때면 사소한 소
음도 무척 거슬린다(한 번은 껌을 계속 씹는 동료에 대한 사연을 받은 적이 있
다. "껌을 짝짝 씹는 소리, 딱딱거리며 기포가 터지는 소리가 다 들려요").

　사람들은 보통 자신이 시끄러운 소음을 내고 있다는 사실을 잘 인지하
지 못하기 때문에 정중하게 부탁하면 행동을 멈춘다.

☞　　음악이 들리면 집중을 잘 못 하는 편이라서요. 이어폰을 사용해줄 수 있나요?
　　　(이보다 부드럽게 전달하고 싶다면 이렇게 말할 수 있다. "제가 좋아하는 노래를 틀
　　　어서 그런지 집중이 잘 안 되네요." 칭찬을 하는 당신에게 방어적인 태도를 보이기 어
　　　렵다.)

☞　　저기, 테드, 잘 모르는 것 같지만, 손가락으로 책상을 두드리는 습관이 있어요.
　　　안 그러려고 해도 자꾸 신경이 쓰여서요. 책상에 푹신한 걸 깔아서 소음을 줄
　　　이면 어떨까요?

☞　　제가 좀 특이해서 껌 씹을 때 나는 딱딱 소리가 칠판을 손톱으로 긁는 소리같

이 느껴질 때가 있어요. 껌을 터뜨리는 소리만 좀 자제해주면 안 될까요?

너무 사소한 것까지 트집 잡는 사람처럼 보일까봐 걱정이라면 자신을 희화화시키는 화법으로 접근하면 된다("저 진짜 이상할 정도로 소리에 민감하거든요", "제가 껌에 트라우마가 있나봐요"). 당신이 신경질을 부리는 것이 아니라는 인식을 준다면, (상대가 아니라 당신의 특이한 성향이 문제가 되는 것이므로) 상대방이 방어적인 태세를 취할 위험이 낮아진다.

---

2 | 프로젝트에 참여한 동료가 책임을 다하지 않아요.

조별 과제라면 치를 떠는 사람이 많은 데는 그만한 이유가 있다. 매번 한 사람이 도맡아 모든 일을 하게 되기 때문이다. 안타깝지만, 직장이라고 별반 다르지 않다. 당신의 성공이 타인의 손에 달려 있지만, 상대는 자신의 몫을 다할 생각이 없어 보일 때가 많다.

둘이 함께해야 하는 프로젝트에서 동료가 게으름을 부린다면, 결국 상사에게 보고해야 할 일이 생길지도 모른다. 그러나 그전에 동료와 먼저 대화를 나누어봐야 한다. 이때, 지금 어떤 상황인지에만 초점을 맞춰야

한다. 동료의 게으름을 비난하는 자리가 아니라, 동료의 태도가 당신의
업무에 어떤 영향을 끼쳤는지 밝히는 것이다.

☞ **당신이 이미 동료의 일까지 마무리한 상태라면** 테드, 제가 X를 하고 테드가
Y를 하기로 했는데, 마감이 얼마 남지 않은 상황에서도 Y가 끝나지 않아 지난
주에 제가 둘 다 처리했어요. 어떻게 된 건지 설명해줄 수 있을까요?

☞ **동료가 일을 완수하지 않았다면** Y가 안 나오면 X를 진행할 수 없어요. Y는
언제쯤 마무리될까요?

☞ **이미 여러 번 이런 일이 반복되었다면** 테드, 자료가 늦어지니 매번 제가 일을
진행할 수가 없네요. 다른 업무가 많은 것은 알지만 자꾸 일정이 미뤄지는 게
걱정됩니다. 우리가 정해놓은 마감기한을 확실하게 지키려면 업무 방식을 바
꿔야 할까요?

☞ **조금 더 강력한 메시지를 전달하고 싶다면** 바쁜 건 알지만 테드가 맡은 일을
하지 않으면 결국 제가 다 하게 되거나 스케줄에 큰 문제가 생겨요. 벌써 몇 번
째 같은 상황이 반복되고 있어서 말인데, 업무 처리 방식에 변화가 필요한 것
같아요. 우선은 테드가 맡은 것을 할 시간이 없다면 제인에게 말해서 상황을
조정할까요?

---

3 | 동료가 일이나 상사에 대해
계속 불만을 표시해요.

누구나 가끔씩 일에 대한 불만을 표출한다. 그러나 동료가 항상 일, 회사, 상사에 대해 부정적인 말을 쏟아낸다면 참아내기 힘들다. 부정적인 기운은 사람을 지치게 만들고, 사소한 문제도 심각한 것처럼 느껴지게 한다.

동료가 불만을 토해내는 것을 계속 받아주었다면 이제 와서 멈춰달라고 말하기가 어렵긴 하다. 그러나 말해도 된다! 회사에서 당신의 삶의 질이 영향을 받고 있다고 설명하면 된다.

☞   회사 생활을 힘들게 느끼는 거 잘 알아요. 솔직히 말하면 저는 큰 불만이 없었는데, 요즘 들어 자꾸 나쁜 쪽으로 생각하게 되는 것 같거든요. 업무에 대한 부정적인 이야기 대신 다른 이야기를 하면 어떨까요? 그러면 정말 좋을 것 같아요.

☞   직장에 대한 불만을 자주 이야기하다 보니 출근하는 게 점점 힘들어지는 것 같아요. 우울한 기분으로 출근하고 싶지 않은데 말이죠. 그래서 좀 더 긍정적으로 생각하고 이 회사의 좋은 점을 더욱 떠올리려고 노력하고 있어요.

이런 예시와 다르게, 동료가 투덜거릴 때마다 이렇게 물을 수도 있다.

☞   그래서 어떻게 할 생각이에요?

다음 나올 말을 덧붙일 수도 있다.

☞ 테드, 여기서 힘들어하는 것도 잘 알고 있고, 한동안 제게 털어놓은 문제들도 있잖아요. 어떻게 할 건지 생각해봤어요?

이렇게 질문을 하면서 대화를 계속 이끌다보면, 얼마 지나지 않아 동료는 당신이 불만사항을 공유하기 편한 상대는 아니라고 인식하게 될 것이다. 어쩌면 당신의 질문 덕분에 불만을 해결할 방법을 생각하기 시작할지도 모른다.

---

4 │ 업무에 집중하려는데 동료가 자꾸 말을 걸어요.

수다스러운 동료의 말을 멈추게 하려면 몇 번의 대화 과정을 단계별로 거쳐야 한다. 첫째로 동료가 원하는 만큼 시간을 내어 이야기를 나누기 어려운 상황이라는 것을 설명하고, 이후로도 자신의 메시지가 정확히 전달될 때까지 흔들림 없이 반복해야 한다. 그 후, 당신의 의도가 정확히 전달되도록 단호한 어조를 유지한다.

1단계: 동료가 수다를 시작하는 순간, 이렇게 말하며 대화를 차단한다.

☞ 저 지금 뭐 하나 마무리하고 있는 중이라서요. 얼른 이거부터 해야 해요.

선의의 거짓말도 좋다.

☞ 지금 업무 전화 기다리고 있어요. / 마감 중이라 지금은 좀 곤란해요.

2단계: 그때그때 차단했지만 동료가 당신 의도를 이해하지 못한다면, 종합적인 상황에 대해 얘기한다.

☞ 테드, 당신과 대화하는 게 무척 즐겁지만, 업무 시간에는 좀 줄여야 할 것 같아요. 일이 많아서요.

동료와 이야기를 나누는 시간을 정말 좋아한다면 이렇게 덧붙일 수 있다.

☞ 일단 회사에서는 일을 해야 하니까 너무 길게 대화하는 것은 아쉽지만 참아야겠어요. 언제 커피라도 한 잔 해요.

☞ 요즘 대화 시간이 길어져서 업무에 지장이 좀 생기고 있어요. 그래서 대화 시간을 좀 줄여야 할 것 같아요.

☞ 테드, 우리 둘 다 수다에 빠지면 헤어나오지 못해서 앞으로는 조심해야 할 것 같아요. 제가 전처럼 자주 대화를 안 하면 당신이 혹시 오해할까봐 미리 말해

두려고요.

☞ **대화 시간이 길어지는 것보다 대화가 잦은 게 문제라면** 테드, 제가 업무 흐름이 끊기지 않아야 집중력을 유지할 수 있는 편이라서요. 저를 통해 확인해야 하는 업무가 있을 테니 정리해두었다가 일주일에 한두 번 미팅을 잡아서 대화를 나눌까요?

3단계: 대화를 줄이고 싶다는 메시지는 이미 전달한 셈이다. 이제는 동료가 말을 걸어올 때는 더욱 단호하고 직접적으로 의사를 표현할 차례다.

☞ 미안해요. 할 일이 많아서요.

☞ 지금 일하는 중이에요!

☞ 보도자료 마감을 못 하게 할 심산이죠? ○○씨 잠깐 모른 척할게요!

☞ 저 지금 마감 중이에요. 이따 이야기해요.

---

5 | 사적인 통화를 하는 동료 때문에 일을 못 하겠어요.

동료가 통화하는 소리 때문에 업무에 방해가 될 때는 당사자에게 직접 말해야 한다. 대화를 이렇게 시작해보자.

☞ 테드, 개인적으로 통화할 일이 많다는 것은 잘 알고 있어요. 그런데 일하는 데 집중하기가 어려워서요. 혹시 다른 곳에 가서 통화를 하거나 뭔가 다른 방법은 없을까요? 이런 부탁해서 미안해요. 저도 어느 정도 배려해야 한다고 생각하지만 어떤 날에는 정말 업무에 집중하기가 힘들거든요.

이렇게 말했는데도 상황이 나아질 기미가 없다면, 조금 더 정확하게 말해야 한다.

☞ 다시 부탁해서 미안하지만, 아직도 통화 소리 때문에 일을 하기가 힘드네요. 통화할 일이 하루에 두 번 이상이면 사무실 바깥에서 해줄 수 있나요?

동료가 여전히 변하지 않는다면 상사에게 말해야 한다. 상사에게 보고하기에는 사소한 일 같아 민망하겠지만, 당신과 동료 간의 인간관계에서 벌어진 문제가 아니라 당신의 업무에 지장을 주는 사안이라고 생각해야 한다. 상당히 직설적으로 말해야 할 문제다.

☞ 팀장님, 테드가 사적인 통화를 빈번하게 하는 편이라 업무에 집중하기가 어렵습니다. 이어폰을 써보기도 했고 사무실 밖에서 통화해달라고 부탁도 해봤지만 문제가 해결되지 않아요. 제가 자리를 바꾸거나, 팀장님이 테드에게 말씀해주실 수 있나요?

6 | 동료에게 필요한 답변만 듣고 싶은데 쓸데없는 말만 늘어놔요.

필요한 답변만 듣고 싶은데 얘기를 장황하게 늘어놓는 동료가 있다. 상대방에게 원하는 바를 분명하게 표현하면 대화를 제법 짧게 줄일 수 있다.

우선, 시작부터 상대방과 대화를 길게 할 마음이 없음을 넌지시 알린다.

☞ 급하게 확인할 일이 있어요.

☞ 테드, 제가 물어볼 게 많아서 그러는데요, 일단 핵심만 대답해주고, 나중에 추가 정보가 필요하면 다시 확인할게요.

☞ 1분 내외로 간단하게 설명해줄 수 있을까요?

☞ 테드, 복잡한 사안이라 우선 결론부터 짚어줘요. 제가 더 궁금한 사항이 있을 때 다시 물어볼게요. 괜찮겠죠?

대화 중간에라도 주제가 흐려진다 싶으면 적극적으로 개입해 화제를 바꾼다. 상대방의 말을 끊는 것 같아 무례하진 않을까 걱정하겠지만, 필요 없는 이야기를 자꾸 덧붙이는 동료라면 당신이 필요한 것이 무엇인지 명확하게 짚어야 한다(이런 성향을 지닌 사람들은 상대방이 자신의 말을 끊는 상황에도 제법 익숙하다).

☞　테드, 제가 좀 더 분명하게 말할 걸 그랬어요. 복잡한 사안인 것은 잘 알지만 제가 지금 필요한 것은 X라서요.

☞　말 끊어서 미안한데, 좀 급한 사안이라 X에 대해서만 들을 수 있을까요?

☞　제가 설명을 잘 못한 것 같은데, 제가 지금 듣고 싶은 이야기는 X입니다.

☞　사실, 저는 X만 알면 되는데, 그것만 알려주면 안 될까요?

---

7 | 동료가 매번 마감시간이 다 되어서야 일을 넘겨요.

온전히 동료가 시간 계산을 잘못한 탓에 아주 급한 업무를 맡게 되었다면 업무를 단호히 물리며 이렇게 빠듯한 기한 내에는 일을 할 수 없다고 말을 하고 싶은 욕구가 치밀 것이다. 상황에 따라서는 그렇게 말해도 된다. 그러나 업무를 거부한다면 너무 융통성 없고 동료의 상황을 배려하지 않는 무심한 사람으로 비춰질 수 있다.

　그렇다고 그냥 꾹 참아 넘겨야 하는 것은 아니다. 동료가 업무를 지연시키는 상황을 미리 충분히 방지할 수 있었고, 동료 때문에 당신이 맡은 다른 업무까지 밀리게 된다면 지적을 해야 한다.

　동료는 자신이 잘못된 행동을 한다는 것도 모를 수 있기 때문에, 우선은 무엇이 문제가 되는지부터 알려야 한다.

☞ 테드, 업무를 조금 일찍 전달받을 수 있을까요? 시간이 필요한 일이기도 하고, 다른 업무의 마감과도 맞물릴 때가 있어서 테드가 일찍 전해주지 않으면 그 일은 뒤로 밀릴 수밖에 없어요. 여러 일을 고려해서 최소 마감 2~3일 전에는 주면 좋겠어요.

계속 같은 상황이 벌어진다면 그때마다 지적해야 한다.

☞ 최대한 해보겠지만 오늘, 내일은 먼저 해야 할 업무가 있어요. 일을 늦게 전달 받은 만큼 마감일을 연기할 수 있나요?

---

8 | 제가 할 일이 아닌데 저한테 넘겨요.

"어떤 상황에도 '이건 제 일이 아닙니다'라고 말해선 안 된다"는 오래된 격언이 있다. 물론, 자신의 직무 설명서에 기술된 업무만 엄격하게 지킬 수는 없다. 업무란 시간이 지날수록 달라지고 확장되는 것이 당연하다.

그러나 해당 업무에 관해 자신이 적임자가 아님을 분명하게 밝히는 것이 적절하고, 또 필요한 순간도 있다.

그럼에도 '제 일이 아니에요'라고만은 말할 수 없는 노릇이다. 왜 본인의 업무가 아닌지 설명하고, 적절한 상황이라면 다른 사람을 제안하는 방식으로 접근해야 한다.

☞ 제가 지금 중요한 프로젝트를 마무리하는 데 집중해야 해서, 안타깝지만 도움을 드릴 수 없네요.

☞ 제가 이번 달 기부금 정산 내역을 모두 정리하기로 했어요. 현재로서는 다른 일을 추가로 맡을 수가 없는 상황이에요.

☞ 음, 사실 그 일은 제 업무가 아니라서요. 그 일은 마틴이 담당인 걸로 알고 있어요.

---

9 | 자기 할 일을 저한테 일일이 물어봐요.

새로 들어온 직원이 업무에 적응해가고 새로운 업무를 익히는 데 도움을 주는 과정에서 행복함을 느낄 수도 있지만, 동료가 도를 넘어 지나치게 의존한다면 지적해야 할 문제다. 특히 당신의 업무에 방해가 되는 수준이라면 더욱 그렇다.

가장 쉬운 방법이자 먼저 시도해야 할 방법은 상대방이 기댈 여지를 차단하는 것이다.

☞ 미안하지만 지금 다른 일을 하고 있어서 도와줄 수가 없어요.

☞ 오늘 일이 너무 많아서 짬이 영 안 나네요.

동료가 물러서지 않는다면, 그때그때 지적할 것이 아니라 전체적으로 상대방의 업무에서 손을 뗀다는 의사를 밝힌다.

☞ 테드, 업무에 대한 전반적인 사항은 모두 알고 있으니 이제는 제가 없어도 될 것 같아요. 제가 해야 할 업무가 많기도 하고요.

☞ 테드의 질문에 답하다 보니 제 일에 집중하기가 조금 힘들어져요. 앞으로는 팀장님께 직접 물어보면 어떨까요?

☞ 제게 질문하기 전에 먼저 직무 트레이닝 때 필기한 내용을 살펴보시겠어요? 거기에서 필요한 정보를 대부분 찾을 수 있을 거예요. 그래도 문제가 해결되지 않으면 도와줄게요. 지금은 맡은 프로젝트가 있어서 바로바로 도와주기 힘들 것 같아요.

동료들이 저를 컴퓨터 기술자처럼 부립니다

회사 사람들이 자꾸 기술적인 문제가 생길 때마다 저를 찾아요. 저를 찾지 않을 좋은 방법이 없을까요?

회사에서 그나마 컴퓨터를 가장 잘 아는 사람으로서 정말 복잡하고 어려운 IT 문제라면 기꺼이 도와주고 싶습니다. 그러나 최근에는 이 정도는 알아야 할 법한 직원들이 제게 엑셀에서 테두리 설정하는 법 등을 물어보며 성가시게 합니다.

간단한 질문이라 단 몇 분이면 끝나기 때문에 직원들에게 제가 마감 때문에 혹은 지금 업무가 바빠서 도와줄 수 없다고 말을 하기가 어렵습니다. 그런데 이 짧은 시간들이 쌓이고 쌓여서 문제예요. 동료들과 대화할 시간은 있는데 도와줄 시간은 없다고 말하면 거짓말을 하는 셈이니까, 너무 바쁜 척을 하기도 좀 그래요.

제가 동료들과 동등한 혹은 나은 능력을 갖추고 있는 것이 분명한 상황에서 기초 업무 지식까지 알려주는 데도 연봉이 똑같으니 점점 지치고 우울한 기분이 듭니다. 어떻게 해야 동료들의 부탁을 거절할 수 있을까요?

------------------------- SAY SOMETHING LIKE THIS -------------------------

우선은 동료의 요청이 고작 몇 분짜리라도 지금 바빠서 도와줄 수 없다고 말해도 됩니다. "마무리할 일이 있어서요." 혹은 "지금

다른 업무에 한눈을 팔 수가 없어요.", "일이 너무 많아서 도와줄 수가 없어요." 이렇게 말해도 전혀 이상할 게 없어요.

하지만 동료들과 원만한 관계를 유지하고 싶고, 10분 전에는 문제를 해결해달라는 동료에게 거절해놓고 다른 동료들과 이야기를 나누는 것이 위선자처럼 보일까봐 걱정하는 마음도 이해해요. 더 이상 도와줄 수 없다고 밝히고 이유를 설명하면 어떨까요?

"시간을 너무 많이 뺏겨서 앞으로 이런 문제는 제가 직접 해결하지 않으려고 합니다. 구글에 검색하면 아마 쉽게 찾을 수 있을 거예요. 저도 구글에서 자주 찾아보거든요."

아니면 직접 알아본 뒤에도 해결되지 않으면 도와주겠다고 선을 그으세요. "어떤 방법을 시도해봤어요?" 만약 상대방이 아무것도 안 해봤다고 하면 이렇게 말하세요.

"제게 묻기 전에 구글에서 먼저 한 번 찾아보세요. 15분 정도 검색해보면 웬만한 문제는 해결될 거예요."

그러나 동료에게 어떻게 전달해야 할지 고민하는 것보다 스스로의 영역을 지키는 것이 당연하고, 동료의 부탁을 거절해도 괜찮다는 것을 먼저 깨닫는 것이 가장 중요하다고 생각해요. 그러면 앞서 조언한 대화들은 자연스럽게 나오게 될 겁니다. 진짜로 당신의 내면에서 우러나오는 말이라면 동료들도 당신이 24시간 대기하고 있는 서비스 센터 직원이 아니라는 것을 새삼 느끼게 될 거예요.

10 | 제 사생활에 관련된 질문을 받아서 불편합니다.

나는 연인 관계, 건강, 심지어 2세 계획까지 온갖 무례한 질문들을 많이 받는다.

회사에서 누군가 지나치게 사적인 것을 물어올 경우 한 가지 명심해야 할 것은, 모든 질문에 대답하지 않아도 된다는 점이다. 상대방에게 부적절한 질문을 받아도 대부분의 사람들은 무례하게 보이고 싶지 않다는 이유로 대화를 중단하는 것을 힘들어한다. 그러나 무례한 것은 당신이 아니라 개인의 사생활을 침해하는 질문을 던진 상대방이다! 사생활을 타인과 공유하지 않는 것은 전혀 무례한 일이 아니다. 그러니 아래와 같이 대꾸해도 된다.

☞   너무 개인적인 내용인데요!

☞   그게 왜 궁금하세요?

☞   연애 이야기는 별로 하고 싶지 않네요.

☞   회사에서 할 이야기는 아닌 거 같네요. 제 사생활이라서요.

☞   이런 이야기 하는 게 불편합니다.

☞   어이구, 이제 이런 이야기까지 하는 거예요?

이 정도면 보통 사람들은 알아듣게 마련이다. 그래도 집요하게 계속 질문하는 동료가 있다면 이렇게 말해보자.

☞   그런 질문은 그만하세요. 회사에서 나눌 만한 대화 소재가 아닙니다.

---

11 | 감정을 참지 못하고 동료에게 짜증을 내고 말았어요.

어떤 상황에서도 신경을 건드는 동료들에게 쿨한 모습을 보이고 싶을 것이다. 그러나 당신도 사람인지라, 그리고 어떤 동료들은 정말 참을 수 없을 정도로 짜증나게 굴기 때문에 한 번씩 감정을 드러내게 될 때가 있다.

그런 상황이 벌어지면 상대에게 사과해야 한다. 물론 상대방이 먼저 무례하게 굴었거나 어떤 잘못을 한 것이 원인이겠지만 그래도 자신의 행동은 사과해야 한다. 자신의 말이 심했다는 것을 인정하고 사과할 때 더욱 훌륭한 사람처럼 보인다(주변에서 상황을 지켜보던 사람들에게도 말이다). 이런 상황에서는 아주 단순하고 솔직하게 말하면 된다.

☞   마틴, 조금 전에 말을 그렇게 해서 미안해요. 이야기를 하다 보니 마음이 상해

서 그랬는데, 그래도 그렇게 말해선 안 되는 거였어요. 정말 미안합니다(만약 무례한 행동으로 사과하는 일이 잦다면 당신 내면에 어떤 문제가 생겼다는 위험 신호 다).

 독자 사연

동료가 블로그에 제 뒷담화를 해요

'J'라는 동료가 있어요. J와 저는 바로 옆자리인데다 내내 사이도 좋았어 요. 서로 개인적인 이야기를 터놓고 하는 사이였죠.

며칠 전, J가 다른 블로그에서 퍼온 글을 하나 보여주었는데 그때 J의 블 로그 주소를 알게 되었어요. 나중에 따로 방문해서 J가 올린 글들을 살펴 봤죠. J가 제게 자신의 블로그를 보여준 거라 제가 선을 넘는 건 아니라고 생각했어요.

그러던 중 제가 디톡스를 시작한다는 걸 조롱하는 내용으로 최근에 올린 글을 읽게 되었어요. 마음이 상했지만 무엇보다 J의 블로그 이웃들이 저 의 '골 때리는 행동'만 따로 기록하는 블로그를 하나 만들라고 댓글을 단 것을 보고 충격을 받았죠. 알고 보니 저에 대해 나쁘게 쓴 글을 블로그에 많이 올렸더라고요.

무엇보다 최근 직장 상사가 건강상의 이유로 일찍 퇴근했던 날 우리 둘이 나눈 대화 내용이 블로그에 올라가 있었어요. J는 팀장의 조퇴 이유가 약물 과다 복용이라고 했고, 저는 J의 말이 지나친 것 같아 '아냐, 그냥 몸이 좀 안 좋으신 거 같아'라고 대꾸했어요. 상사의 사생활이고, 더는 이야기 하지 말자는 어조로요. 그런데 블로그에는 제가 같이 상사 뒷담화를 한 것처럼 적어놨더라고요.

J의 블로그가 찾기 어려운 것도 아니고, 거기에 적혀 있는 개인 정보들을 종합해보면 J가 누군지, 우리가 일하는 회사가 어딘지도 쉽게 유추할 수 있어요. 제가 느끼는 분노와 상처는 그렇다쳐도 J가 블로그에 적어놓은 팀장 이야기는 당사자가 불편할 수 있는 내용이라 신경 쓰여요.

다른 것은 몰라도 팀장에 대해 쓴 글만이라도 내리라고 말하고 싶은데, 차분하게 이야기를 꺼낼 자신이 없어요. 좀 세련되고 전략적으로 문제를 해결할 방법이 없을까요? J가 사적인 블로그에 적은 내용에 제가 너무 예민하게 반응하는 건가요(사실 제가 볼 거라고 생각하고 쓴 글은 아니었을 테니까요)?

-------------------- SAY SOMETHING LIKE THIS --------------------

J는 정말 형편없는 사람이네요.

사연 주신 분이 예민하게 반응하는 게 아니에요. 좋은 관계를 유지하고 있다고 믿었던 상대가 낯선 사람들과 함께 당신을 놀림거리로 만들었잖아요. 정말 최악이네요. 저라면 J에게 이렇게 말할 것 같아요.

"좀 민망하지만, 나와 다른 직원들에 대해 네가 블로그에 쓴 글을 읽었어. 좀 놀랐어, 사실. 네가 그렇게 생각하고 있는 줄 전혀 몰랐거든. 네 친구들이 적은 댓글은 읽기가 괴로울 정도였어."

그러고 난 뒤 상대방이 뭐라고 하는지 들어보세요. 제대로 된 사람이라면 굉장히 부끄러워하겠죠. 혼자 분풀이 삼아 썼다거나 진심으로 쓴 게 아니라고 이야기를 할 거예요. 상대가 어떤 변명을 하든 저라면 계속 이렇게 말하겠어요. "뭐, 그렇겠지. 그래도 마음이 좀 상하더라고."

J가 마음의 상처를 주는 행동을 한 것도 맞고, 인터넷에 사람들을 뒷담화할 때 어떤 결과가 생기는지 똑똑히 느끼게 해주려면 J가 타인에게 상처를 주었음을 언급하는 것이 좋아요.

대화를 마치고 나면 아마도 관련된 게시물을 모두 내릴 거예요. 블로그를 비공개로 전환하거나요. 보통 뻔뻔하지 않고서야 그 글들을 그냥 둘 수는 없겠죠. 그런데 혹시나 J가 글을 내리지 않거나, 시간을 끈다면 바로 말씀하세요. "내 이야기를 쓴 게시물을 내려주면 좋겠어." 혹은 "팀장님 이야기는 삭제하는 게 좋을 것 같아.", "이건 그냥 내 생각인데, 회사 사람들이 네 블로그를 알게 된다면 문제가 생길지도 몰라. 네 상사가 누구인지도 다 아니까." 그러나 다 J에게 득이 되는 조언이에요. 사연 주신 분이 하고 싶지 않다면 굳이 J에게 말해주지 않아도 돼요.

또 한 가지 명심할 것은, 이 대화가 힘들고 불편하겠지만 이 불편함을 자초한 사람은 당신이 아니라 J라는 것을 기억하세요.

12 | 제가 간식을 먹을 때마다 동료가 한마디씩 해요.

식단 관리자를 자처하는 몇몇 동료들의 사고 구조를 이해할 수 없지만, 다른 사람들이 먹을 때 꼭 한마디씩 던지는 사람이 많다. 초코바나 과자를 먹을 때 "오, 오늘은 막 먹기로 했어?" 혹은 "그런 거 맘껏 먹어서 좋겠다"라는 코멘트가 날아온다. 반대 상황도 마찬가지다. 과일이나 잘게 썬 채소처럼 건강한 음식을 먹을라치면 "그렇게 꼭 조여 살지 말고 빵 같은 것도 먹고 그래"라는 말을 듣게 마련이다.

섭식 장애의 고통에 빠져 사는 사람들뿐 아니라 누구라도 이런 이야기를 들으면 짜증이 난다. 항상 이런 이야기를 하는 동료가 있다면 그런 말을 그만하라고 요청해도 된다!

☞   테드, 다이어트 이야기는 그만해요. 다들 불편해한다고요.

☞   하루도 안 빠지고 저한테 그런 말 하는 거 알고 있어요?

☞   애니, 제가 뭘 먹는지 신경 좀 쓰지 말아줄래요?

☞   음식 때문에 다들 스트레스 받잖아요. 사무실에서까지 그러지 맙시다.

이런 이야기를 습관처럼 하는 당사자들은 듣는 사람이 어떻게 받아들일지 진지하게 생각하지 않은 경우가 많다. 그러니 정확하게 말하면 그저 별 뜻 없이 한 말이 아님을 깨닫게 해줄 수 있다.

13 | 동료가 자꾸 음식을 권해요.

당신이 먹는 음식을 지나치게 관리하려는 동료가 있는가 하면 당신에게 과하게 음식을 권하는 동료도 있다. 케이크 한 조각을 자꾸 들이밀거나 자신이 집에서 만들어온 도넛을 한번 먹어보라고 강요하는 경우다. "아뇨, 괜찮아요"라고 가볍게 말하면 상황이 정리되어야 하지만 공격적일 정도로 음식을 권하는 사람들에게는 통하지 않을 때가 많다. 이런 상황에 자주 처한다면 다음과 같이 말해보자.

☞　전 괜찮아요. 요리 솜씨가 정말 좋으시네요. 그런데 제가 식습관을 개선하려고 노력하는 중이에요. 사람들이 간식을 권할 때마다 매번 마다하는 게 저도 힘들어서요. 제가 괜찮다고 할 때는 더는 권하지 말아주세요.

14 | 동료가 제 이메일에 답장을 하지 않아요.

동료가 이메일에 답장을 잘 하지 않는 스타일이라면, 가장 좋은 방법은 직접 얼굴을 보고 말하거나 통화를 하는 것이다. 당신이 이메일을 선호한다면 다른 수단으로 소통하는 것이 부담스럽겠지만, 원하는 것을 얻기 위해서는 어쩔 수 없는 때도 있다.

그럼에도 이메일 소통을 완전히 포기하기 전에 상대방에게 회신을 받기 위해서는 다른 어떤 전략이 필요한지 한 번쯤 확인해보는 것이 좋다.

☞ 테드, 이메일에 회신을 못 받을 때가 많아요. 제가 당신에게 확인할 것이 있을 때는 다른 방법으로 연락해야 할까요?

이렇게 질문하면 최소한 상대방에게 '무엇이 잘못되었다'는 것 정도는 알릴 수 있다(어쩌면 망신을 주는 것처럼 보일 수도 있지만 이 상황에서는 그것도 그리 나쁘지는 않다). 혹은 당신에게 도움이 될 만한 유용한 정보를 얻을 수도 있다. 예컨대, 제목란에 핵심 내용을 표기하면 회신을 빨리 할 수 있다든가, 오전 시간에 주로 이메일을 처리한다는 이야기를 듣기도 한다.

또한 특정 날짜까지 회신을 받지 못하면 어떻게 할 건지 계획을 알리는 것도 하나의 방법이다. 항상 쓸 수 있는 방법은 아니지만 대부분의 경우에는 효과가 있다.

☞   목요일까지 별 다른 회신이 없으면 일정상 X를 진행하겠습니다.

이때 상대방이 여유를 갖고 회신을 할 수 있도록 적당한 시간을 확보해주어야 한다. 가령 한 시간 내에 회신을 요청하는 것은 바람직하지 않다. 또한 동료의 의견 없이도 자신이 독자적으로 업무를 진행시킬 권한이 있는 상황에서만 활용해야 한다. 그러나 이렇게 말하면 대부분의 경우 큰 탈 없이 문제가 해결된다.

---

15 | 동료가 이메일 답장을 보내달라고 재촉을 해요.

이메일을 보낸 지 몇 분 만에 자리로 찾아와 "내 메일 확인했어요?"라고 묻는 짜증나는 직원은 어느 사무실에서나 찾아볼 수 있다. 전혀 급하지 않은 이메일인데도 두어 시간가량 회신을 받지 못하면 호들갑 섞인 메시지를 다시 보내오는 직원도 어디에나 있다(이 짜증나는 동료가 당신이 아니길 바란다. 만약 당신이 이렇게 하고 있다면 이제라도 반성하고 이런 행동을 멈춰야 한다).

　이런 동료에게는 '○○씨가 X 행동을 하는데, Y로 인해 문제가 되니 앞으로는 Z로 해줄 수 있을까요?'라는 화법으로 이야기해야 한다.

☞　　　테드, 제가 메일 읽었는지 찾아와서 확인을 하는 일이 많아요. 메일 보고 제가
　　　회신할게요. 자꾸 제 자리에 오면 업무 흐름이 깨져서요. 앞으로는 메일 보낸
　　　뒤에 시간을 좀 줄 수 있을까요? 보통은 몇 시간 내로 회신하는데 그리 급하지
　　　않으면 조금 더 걸릴 수는 있어요. 그래도 저는 메일 회신은 꼭 하는 편이에요.

이렇게 자세하게 설명하고 싶지 않다면 동료가 찾아와 업무를 방해할 때마다 아래와 같이 답하며 동료를 길들이는 것도 방법이다.

☞　　　미안하지만 마감 중이에요. 다 끝내고 메일 확인할게요.

상사에게 할 말은 아니다. 같은 직급의 동료나 부하직원에게만 써야 한다.

----

16 | 아픈 동료가 매번 회사에 병을 퍼뜨려요.

질병에 걸린 동료가 매번 아픈 몸을 이끌고 출근해 회사에 병균을 퍼뜨린다면 "집에서 좀 쉬라고, 이 병균 덩어리야!"라고 소리치고 싶은 마음이 굴뚝같을 것이다.

물론 이렇게 말해선 안 되지만, 회사에 유급 병가 제도가 있고 재택근무가 가능한 업무라면 조금 순화한 화법으로 메시지는 전달할 수 있다. 만약 둘 다 해당사항이 없다면 현실적으로 동료가 집에서 편히 쉴 방도가 없다.

☞　테드, 완쾌할 때까지 재택근무를 하면 어때요? 제가 감기나 독감에 쉽게 걸리는 편이기도 하고, 다른 사람들도 옮을 수 있으니까요.

☞　정말 힘들겠어요. 그런데 솔직히 말하면 저도 걸릴까봐 좀 걱정이 되기도 해요. 업무 때문에 재택근무나 병가를 못 내는 거라면 제가 도와줄 수 있는데, 그렇게 할래요?

친밀한 관계라면 이렇게 말할 수도 있다.

☞　어휴, 사무실 사람들 다 옮겠다. 집에 가서 쉬어!

17 | 다른 사람과 대화하는데 동료가 자꾸 끼어들어요.

다른 사람에게 한 질문에 불쑥 끼어들어 대답하거나, 듣지 않았으면 하는 개인적인 대화에 한마디 거드는 등 다른 사람과의 대화를 방해하는 동료에게 그만하라고 말할 타이밍을 찾기가 어렵다. 칸막이가 없는 개방형 사무실에서는 어디까지가 사적인 대화이고 어디까지가 공개된 대화인지 경계가 모호해 에티켓의 기준도 애매해진다.

공공장소에서 동료와 사교적인 대화를 나누고 있는데 그 대화에 끼고 싶은 사람을 제외시키려고 든다면 무례한 행동이 될 것이다. 그러나 업무 관련 내용이라면 선을 그을 수는 있다.

☞ 　사실은 애니의 의견을 들어보고 싶은데.

☞ 　테드, 의견 고마워요! 그런데 애니가 전에 이 일을 해봤으니 애니와 이야기를 좀 나눠야 할 것 같아요.

☞ 　아, 애니랑 프로젝트 이야기 중이었는데, 혹시 우리가 필요한 일이 생겼어요? 우리 대화는 5분이면 끝날 거예요.

18 | 동료가 회의에서
혼자 떠들려고 해요.

회의 시간마다 자신의 독무대처럼 혼자 떠들고, 오가는 이야기마다 상관
도 없는 자기 이야기를 주절주절 덧붙이는 동료에게는 외려 누구도 나서
서 조용히 하라고 말하고 싶어하지 않는다.

당신이 회의를 주관하는 입장이라면 운이 좋은 경우다. 회의에 오가는
대화를 통제할 권한과 의무가 있기 때문이다. 아래와 같이 말한다면 회의
를 지켜낼 수 있다.

☞   살펴보기로 한 안건을 모두 논의해야 하니 이제 다음 주제로 넘어가죠.

☞   회의 시간이 45분밖에 안 되니 아주 중요한 내용이 아니면 오늘 회의에서는
      가능한 발언을 삼가주시길 바랍니다.

☞   테드가 좋은 의견을 냈는데, 오늘 회의 주제와는 조금 별개의 내용이라, 회의
      를 일찍 마치면 다시 논의하기로 해요.

☞   다른 분들 생각도 들어보고 싶은데요. 의견 공유해주실 분 없나요?

회의를 주관하는 입장이 아니라면 발언의 폭이 좁아지지만 그래도 대화
의 방향을 틀 방법은 있다.

☞ 회의 안건과 조금 멀어지고 있는 것 같아요. 아까 하다 만 새 지사 오픈 건, 다시 논의할까요?

☞ 대략적으로 합의가 된 것 같네요. 세부 사항은 나중에 다시 이야기하고, 우선은 오늘 논의하기로 한 다른 안건 두 개를 먼저 살펴보는 게 어떨까요?

☞ 시간이 여유롭지 않은 상황이라, 오늘은 켈리가 가져온 안건만 이야기 나누는 것이 좋겠어요.

---

19 | 척척박사 동료가 제 업무에 대해 설교하려 들어요.

모든 일에 자기 의견만 내세우고, 게다가 모든 문제에 정답을 알고 있는 것처럼 구는 동료가 당신 업무에 훈수를 둔다면? 가장 좋은 방법은 가능한 무시하는 것이다. 잘난 척하는 사람은 쉽게 바뀌지 않으니 괜한 노력을 하기보다는 그저 피해 입지 않는 선에서 마무리하는 것이 이롭다. 이렇게 말해보라.

☞ 고마워요. 생각해볼게요.

☞ 다 잘 되고 있어요. 신경 써줘서 고마워요.

☞   지금까지는 별 문제가 없는데, 혹시 도움이 필요하면 말할게요.

짧고 산뜻하게 대답하되 대화의 여지는 남기지 않는다.

 독자 사연

동료가 저를 비서 부리듯 해요

직원이 열일곱 명인 소규모 회사에서 일을 하고 있어요. 일도 만족스럽고, 제 상사와 총 매니저에게도 좋은 평가를 받고 있습니다. 다만 저와 다른 직원 한 명을 제외하고는 모두 남성이에요.

그런데 '짐'이라는 직원은 고객 데이터가 모두 들어 있는 컴퓨터 시스템을 직접 배울 생각이 없어 보여요. 제가 업무를 하고 있는 중에도 제 책상으로 다가와 고객을 찾아달라거나 서비스 관련 정보를 보여달라고 요청해요. 이어폰을 끼고 점심을 먹는 중에도 고객 정보를 찾아달라고 할 정도죠. 제가 고객과 통화 중일 때는 다른 여직원('맨디'라고 부를게요)에게 가서 고객 정보를 요청해요. 짐은 외부에 혹은 집에 있을 때도 회사 노트북을 직접 보고 있으면서도 저나 맨디에게 전화를 해 고객에 대한 자료를 문의하기도 해요!

저나 맨디의 업무는 짐의 업무와 무관한데도 저희를 마치 비서 부리듯 대해요. 저희가 전혀 모르는 고객에게 보여줄 프레젠테이션까지 준비해달라고 하니까요. 제게 본인의 이메일 서명을 만들어달라거나, 컴퓨터에 사진을 저장하는 등 아주 간단한 일까지 부탁해요. 할 시간이 없는 게 아니라 하기 싫어서죠.

짐의 책상에서 제 책상과 맨디의 책상 그리고 다시 본인의 책상으로 돌아가는 경로를 따라 사무실 카펫이 닳았을 정도예요. 어떤 일이든 꼭 우리에게 시키고, 우리가 바쁘든 말든 신경도 쓰지 않죠. 다른 직원에게는 도움을 요청하지 않는데, 저와 맨디가 여자라서, 우리에게만 시키는 듯한 기분을 지울 수 없어요. 혼자서 해결할 일들로 저 좀 괴롭히지 말라고 어떻게 이야기해야 할까요?

--------------------------------- **SAY SOMETHING LIKE THIS** ---------------------------------

당신과 맨디가 짐의 요구를 자꾸 들어주기 때문에 이런 행동을 계속하는 거라고 생각해요. 필요한 도움과 정보를 자꾸 주면서 잘못된 행동을 부추기지 말고, 스스로 처리하거나 다른 사람에게 도움을 요청하도록 길들이세요. 이렇게 말하면서요.

"미안하지만 지금 마감 때문에 바빠요. 업무 매뉴얼을 확인해보세요."

"잘 모르겠네요. 레오나 조셉한테 물어봤어요?"

"데이터베이스 확인했어요? 거기부터 봐야 하는데."

"그쪽 고객에게 보여줄 프레젠테이션을 준비하라고요? 지금 다른 일 때문에 바빠요. 톰이나 마틴도 프레젠테이션을 작성해봤으니 가서 물어보면 도와줄 것 같은데요."

"그래서 어떤 거 시도해봤어요?"

"지금은 도와줄 수가 없네요! 미안해요!"

"마틴이 프레젠테이션 잘 만들어요. 한번 물어봐요."

"이 고객들은 제가 잘 몰라서요. 미안해요!"

결국에는 상대방에게 이유를 솔직하게 물어봐야 할 것 같아요.

"저나 맨디는 업무가 전혀 다른데 왜 항상 우리 둘한테 물어보는 건지 궁금해요. 톰이나 마틴이 비슷한 업무를 하니까 그 쪽에 물어보는 게 어때요?"

상대가 어떻게 대답하는지에 따라 다르겠지만, 이 말도 꺼내야 할 거예요.

"짐, 여자 직원들한테만 부탁하는 거 알아요?"

그러나 이런 대화를 나누기 전에, 상사가 당신의 역할을 어떻게 생각하고 있는지부터 확인해야 해요. 어쩌면 짐이 상사에게서 이런 자잘한 업무를 당신에게 물어봐도 된다는 이야기를 들었을 수도 있으니까요. 짐이 당신의 말에 불만을 터뜨릴 때 상사가 당신의 입장에서 문제를 해결해줄 것인지 확인한 후 행동하는 편이 안전해요.

20 | 동료가 저한테 이메일을 보내면서 상사에게도 참조를 걸어요.

매번 당신의 상사에게도 참조를 거는 동료가 있다면 상당히 신경이 쓰일 수밖에 없다. 상급자에게 참조 메일을 보내는 심리가 '당신이 제대로 이 일을 처리할 능력이 없는 것 같다'거나 '당신이 얼마나 무능력한지 상사가 알아야 할 것 같다'는 의미를 내포한 은근한 공격성이 느껴지기 때문이다.

상사가 진행 상황을 일일이 보고하라고 지시하지 않았고, 상사도 원치 않는다는 것이 확실하다면 동료에게 불쾌한 심경을 직접 표현해야 한다.

☞ 테드, 저에게 메일을 보낼 때 매번 팀장님을 참조해서 보내더라고요. 이유가 있나요?

☞ 이 업무 관련해서는 팀장님께 참조 메일을 보내지 않아도 돼요. 서로 수고를 줄이기 위해 불필요한 보고는 생략하고 있어요. 우선 저랑 일을 진행하고, 필요할 때 팀장님과 상의하면 어때요?

이렇게 말해도 소용이 없다면, 가장 좋은 방법은 신경 쓰지 않는 것이다. 아마도 상사가 먼저 동료에게 메일을 보내지 않아도 된다고 말하겠지만, 그렇지 않다 해도 계속 이 문제를 언급하는 데는 실익이 없다. 한두 번 동료에게 문제를 언급한 후에 또 이야기를 꺼내면 마치 당신이 상사를 업무에서 제외시키려고 너무 애쓰는 것 같이 보일 수도 있다.

---

21 | 동료가 저와 문제를 얘기하지 않고 상사에게 바로 보고해요.

동료의 입장에서는 당신에게 직접 말하기보다 상사에게 바로 보고해야 하는 사안도 있다. 당신이 회사의 공금을 횡령한다거나 고객에게 주먹을 휘두르는 등 결코 용납할 수 없는 일을 저지른 경우가 아니라면, 문제가 무엇이든 당신이 우선적으로 해결할 수 있도록 직접 이야기해달라고 동료에게 말해야 한다.

☞ 테드, 팀장님께 들었는데 X건으로 찾아갔다면서요. 앞으로는 저와 먼저 이야기 나눌 수 있을까요? 문제가 무엇인지 테드에게 직접 듣고 함께 대화하며 해결하면 좋을 것 같아요.

☞ 제가 X 프로젝트를 담당하고 있으니 문제가 있다면 제게 직접 말해줄래요? 우리 선에서 해결할 수 없는 문제거나 상급자가 알아야 할 사안이라 판단될 때, 팀장님께 보고하는 게 좋을 것 같아요. 하지만 그 전에 제게 먼저 어떤 문

제가 있는지 알려주면 제가 어떻게 해결할 수 있는지 생각해볼게요.

한 가지 예외적인 경우가 있다. 만약 과거에 동료가 이미 당신에게 어떤 문제를 언급했지만 개선되지 않았고, 이제는 문제가 하나의 패턴으로 자리 잡았다면 상사에게 가서 말해야 한다. 업무 패턴에 문제가 있다면 상사가 나서서 피드백을 주어야 하는 문제다. 즉, 같은 직급의 동료가 지적할 수 있는 선을 넘어선 문제다.

---

22 | 대화를 나누는데 상대방이 자꾸 스마트폰을 봐요.

이야기 도중에 지속적으로 스마트폰과 이메일을 확인하는 상대에게 어떻게 말해야 하는지는 전적으로 직급에 따라 달라진다. 당신보다 직급이 낮은지, 같은지, 높은지에 따라 접근을 달리 해야 한다.

직급이 같은 동료라면 이렇게 말한다.

☞　지금 해결해야 하는 일이면 잠시 기다릴까요?

☞　몇 분만 내주면 될 것 같은데, 지금 괜찮아요? 아니면 이메일부터 처리하고 볼

까요?

☞　스마트폰/이메일로 확인해야 할 업무도 많고 바빠 보여요. 지금 몇 분만 집중

해서 저랑 대화할 시간이 되나요? 그리 오래 걸리지 않을 거예요.

당신보다 직급이 낮다면 더 직접적으로 말할 수 있다.

☞　대화하는 동안은 잠깐 스마트폰 내려놓을 수 있을까요?

상급자일 경우에는 조금 더 조심스럽게 말해야 한다.

☞　바쁘신 것 같은데 조금 후에 다시 올까요?

그러나 회의 중에 멀티태스킹을 하는 사람은 그럴 권한이 있는 상급자일

때가 많다(당신의 직속 상사일 때는 더욱 그렇다!). 만약 상사가 항상 이런 패

턴을 보인다면 아래와 같이 말할 수는 있다.

☞　팀장님, 바쁘신 건 잘 알고 있습니다만, 제가 보고드릴 때 스마트폰을 확인하

시면 계속 말씀을 드려야 할지, 잠시 기다려야 할지 잘 모르겠습니다. 편한 시

간을 다시 잡아 회의를 진행할까요?

- -

23 동료의 향수 냄새 때문에 머리가 아파요.

동료의 향수 때문에 머리가 아프거나, 숨쉬기가 힘들거나, 그 외 신체적으로 불편한 증상이 나타난다면 말을 할 수밖에 없다. 장미, 파촐리, 머스크 향 등 동료가 원하는 향수를 뿌릴 자유보다 신체적으로 불편한 증상 없이 일할 권리가 우선이다.

해당 사안을 동료에게 밝힐 때는 비판적인 언행을 하거나 상대의 에티켓을 문제 삼아선 안 된다. 그저 당신이 알레르기 반응을 일으킬 뿐 상대가 잘못한 것은 아니다.

☞ 향수 냄새 참 좋네요. 그런데 제가 알레르기가 있어서 향수 때문에 두통이 와요. 미안하지만 사무실에서는 향수를 안 뿌렸으면 해요.

☞ 테드, 제가 몇 가지 향에 알레르기가 심한데 아무래도 당신이 뿌린 향수에 알레르기 반응이 올라오는 것 같아요. 무례한 부탁인 줄 알지만 출근할 때는 그 향수를 안 뿌려줄 수 있을까요?

24 | 경조사 비용이 부담스럽습니다.

사회생활을 하다보면 경조사에 소액의 돈을 각출하는 경우가 생긴다. 동료의 결혼, 퇴사, 출산, 생일 등 축하할 일들이 가득한 가운데 매번 선물을 사느라 비용을 함께 부담해야 하는 상황이 계속된다.

그리 이상한 일은 아니지만, 이런 관례가 잘못된 방향으로 확대되어 지나치게 자주 발생하거나 말도 안 되는 금액을 내야 하는 것은 문제다. 당신이 원하는 수준 이상으로 혹은 무리한 금액을 내라는 압력이 올 때는 거부해야 한다.

☞ 미안하지만 지금 여유가 없어서요.

☞ 지금 여건이 안 돼서요. 카드에 메시지는 적을게요.

☞ 저는 동참할 수는 없지만, 캘리를 위해 이렇게 나서서 좋은 일을 하다니, 보기 좋아요.

☞ 주머니 사정상 5달러만 낼게요. 다른 사람들도 여유가 없다면 선물을 좀 저렴한 것으로 고르거나 그냥 카드만 보내는 게 어때요?

25 | 제가 지지하지 않는 자선단체에 기부금을 내래요.

회사에서는 좋은 의도로 자선 모금을 하겠지만 기부만큼은 완벽히 자발적으로 행해져야 한다는 사실을 잊고 직원들에게 부당하게 강요하는 경우가 많다.

모금에 참여하지 않는다고 해서 자린고비나 인정머리 없는 사람이 되는 것은 아니다. 당신의 돈은 어디까지나 당신 것이고, 돈을 어떻게 쓰는지는 오롯이 당신의 선택에 달렸다. 은근히 기부를 강요받는다면 이렇게 말해보자.

☞　　지금은 기부를 할 여유가 없습니다.

☞　　다른 곳에 이미 기부했습니다.

☞　　좋은 의도인 것은 알지만 전 참여하지 못할 것 같습니다.

☞　　전 괜찮습니다.

그러나 기부를 하지 않아서 업무적으로 불이익을 당한다면(말도 안 되지만 그런 회사도 있다) 부담감을 벗어던지는 대가라고 생각하고 작은 액수라도 기부를 하는 편이 낫다. 자신의 신념에는 위배될지라도 합리적인 대응이 될 수 있다.

동료가 상사의 선물을
사기 위해 모은 회비에 손을 댔어요

직장 상사의 날(Boss's Day, 미국에서 직원들이 상사를 위해 꽃이나 선물, 카드를 준비하는 날로 매년 10월 16일이다-옮긴이)을 맞아 팀장과 과장에게 줄 선물을 사기 위해 직원 한 명이 대표로 회비를 걷었어요. 그런데 상사의 날 이후 한 달이 지나도록 선물이 전달되지 않았어요. 그 직원은 잊었다고 둘러 댔죠. 저만해도 두 번 물어봤고, 다른 사람들도 여러 번 물어본 상황이었어요. 그럼에도 상사들에게 선물이 전달되지 않았고요.

결국 우리는 과장에게 상황을 알렸고, 그가 이 직원에게 회비와 선물에 대해 직접 확인했어요. 이 직원은 상사의 날 대신 크리스마스 선물을 준비할 생각이었다고 변명을 늘어놓았어요. 저희한테는 한마디 상의도 하지 않고요. 일주일 뒤, 팀장에게 핸드메이드 물품을 선물했어요. 원래 계획했던 것과는 다른 선물이었죠.

상사 두 명의 선물을 핑계로 그 직원이 회비를 얼마나 걷었는지는 모르지만, 저만 해도 선물 한 개 사는 비용 이상의 금액을 냈으니 아마 제법 큰 금액이었을 거예요. 다시는 이 직원에게 돈과 관련된 일을 맡기지 않기로 했어요. 이런 상황에서는 어떻게 해야 하나요?

---------------------------- **SAY SOMETHING LIKE THIS** ----------------------------

회비를 낸 사람들과 함께, 단호하고 분명한 어조로 '돈이 어떻게 쓰였는지 내역과 영수증을 확인하고 싶다. 남은 돈은 돌려달라'고 말해야 합니다. 저라면 이렇게 말하겠어요.

"선물 구매 후 회비가 남았겠네요. 남은 회비를 공평하게 나누어야 하니 영수증과 잔액을 확인할 수 있을까요?"

그 직원이 바로 처리하지 않으면 이 상황을 상사에게도 반드시 공유해야 합니다. 동료의 돈에 손을 대는 것은 제법 심각한 사안이거든요.

26 | 동료가 저에게 스킨십을 해요.

원칙적으로는 동료가 당신의 몸에 손을 대는 일이 벌어져서는 안 된다. 당신을 껴안거나 어깨를 주무르거나 어깨동무를 하는 등 어떤 행동도 타인의 접촉을 거부할 당신의 권리보다 앞설 수 없다. 그러나 현실에서 '이 변태야'라는 뉘앙스 없이 "제 몸에 손대지 마세요"라는 말을 실제로 하기가 어렵다. 당신이 상대방을 전혀 변태라고 생각하지 않더라도 그런 의미가 담긴 것처럼 전달되기가 쉽고, 이후 상대방과의 관계가 상당히 껄끄러워질 수 있다. 이런 위험 때문에 원치 않는 접촉이 있어도 참는 사람들이 많다.

그러나 관계가 망가질 만큼 어색한 대화를 나눌 필요가 없다. 그저 기선을 제압하듯 이렇게 말하면 된다.

☞   아, 전 스킨십 별로 안 좋아해요!

별일 아닌 듯 일상적이고 가볍게 말한 후 업무 얘기로 재빨리 넘어가면 상대는 당신의 의도를 알아차릴 것이다.

그러나 상대방이 당신의 말을 무시하고, 당신이 예민하게 구는 것처럼 받아들이거나 계속해서 스킨십을 하면, 상대방에게 문제가 있다는 것이 확실해지는 상황이다. 관계가 어색해질까 마음을 쓸 이유가 없다는 말이다. 당신이 분명히 의사 표시를 했는데도 그것을 무시하고 관계에 긴장감과 어색함을 불러오면, 아무런 거리낌 없이 상대방의 행동을 문제 삼을 수 있다. 이때는 냉담하게 아래와 같이 말한다.

☞   만지지 말라고 했잖아요.

상황에 따라서 상급자에게 알려야 한다. 지금껏 말한 내용은 성적인 의미가 없는 접촉에 대한 것이다. 만약 성추행이라면 곧장 "내 몸에서 손 떼요"라고 경고하고는 회사에 바로 알려야 한다.

27 | 동료가 데이트 신청을 했는데 거절하고 싶어요.

매일 회사에서 마주쳐야 하는 동료가 데이트 신청을 한 경우 거절하기 쉽지 않다.

가장 좋은 방법은 상대방에게 솔직하게 말하고, 거절한 후에도 가능한 평상시처럼 대하는 것이다. 아마 다른 직원들도 당신의 반응에 촉각을 세우고 있을 터라 되도록 평범하고 편안하게 대해야 거절당한 직원의 불편함도 줄어든다. 반대로 당신이 어색해하면 상대방도 불편하고 어색해할 것이다.

데이트를 거절할 때는 다음과 같이 말할 수 있다.

☞   마음은 고맙지만 가능한 공적인 관계를 유지하고 싶어요.

☞   테드, 초대해줘서 고마워요. 당신은 좋은 동료지만 거절해야 할 것 같아요.

☞   고맙지만 같은 직장에 다니는 사람과는 데이트를 안 하려고 해요(이렇게 말하고 나중에 다른 동료와 데이트를 하는 상황이 생기면 이상해질 수 있다. 물론 마음을 바꾸는 것은 당신의 자유지만, 감안하는 것이 좋다).

28 | 상사에게는 비밀로 해달라고 했는데, 들어보니 심각한 내용이었어요.

동료가 상사에게 비밀로 해달라고 할 때는 보통 그 부탁을 들어주는 것이 별로 어렵지 않다. "이번 프로젝트는 완전 별로인 것 같아" 혹은 "정신 건강을 지키기 위해서 하루 쉬어야 했다니까" 같은 사소한 비밀들이니까. 그러나 동료의 비밀을 지키겠다고 약속을 한 바람에 당신이 불편해지고 심지어 용서를 받기 어려운 상황에 처하게 될 수도 있다. 동료가 "나 회사 돈에 손을 댔어"라든가 "매번 거절하긴 하지만 저 인턴한테 계속 데이트 신청 할 거야"라고 당신에게 털어놓는 경우다.

도덕적으로 회사에 알리는 것이 맞다는 생각이 들 때는 상대방에게 솔직하게 말하는 것이 가장 좋다.

☞   내 입장이 난처해졌다는 걸 이해해줘. 내가 알게 된 이상, 솔직히 말해서 보고

하지 않으면 안 될 것 같아. 내게 비밀을 털어놨는데 이런 말해서 미안해. 아니

면, 아니면 네가 직접 말하는 게 어때?

29 | 동료가 원치 않는 사교 모임에 자꾸 나오라고 해요.

함께 일하는 직원들이 회사 밖에서도 자주 어울리는 분위기라면 초대를 매번 거절하기가 애매하다. 동료들을 싫어한다고 오해받는 것도 싫고, 직장 생활과 사생활을 분리하고 싶은 마음도 있다면 이렇게 대응해보자.

☞ 초대해줘서 정말 고마워요. 그런데 제가 퇴근 후에는 약속이 많아서요/ 집에 바로 들어가야 해서요/ 제가 술을 안 좋아해서요. 그래도 물어봐줘서 고마워요. 모두들 즐거운 시간 보내요!

☞ 제가 회사 생활과 사생활을 분리하는 성격이라 앞으로도 초대에 잘 응하지 못할 거예요. 그래도 잊지 않고 챙겨줘서 고마워요.

30 | 동료는 더 가까운 관계를 원하는데, 저는 선을 긋고 싶어요.

퇴근 후 함께 시간을 보내거나, 전화 통화를 하는 등 친한 친구 관계를 원하는 동료에게 좋게 거절하기는 쉽지 않다. 회사 밖에서 만난 상대라면 거리를 두기도 쉽고, 마주치는 상황을 줄이는 것도 어렵지 않다. 그러나 이 상대가 동료라면 당신이 원치 않아도 자주 얼굴을 보며 지내야 하기 때문에 '그 정도 사이는 아니잖아요'라는 신호를 보내는 것이 어렵다.

따라서, 두 가지 방법 밖에 없다. 상대방에게 눈치를 주거나 솔직하게 말하는 방법이다.

눈치를 주는 것이 비겁해보이지만, 이 상황에서는 오히려 상대방의 마음을 상하지 않고도 자신의 의도를 전달하는 사려 깊은 방법이다. 여기서 중요한 것은, 눈치를 줘도 알아채지 못하면 전략을 바꿔야 한다는 점이다.

우선은 아래와 같이 말하며 동료가 당신의 말을 이해할지 살펴본다.

☞   약속이 많아서 저녁에는 시간을 내기 어려워요.

☞   마감을 하느라 업무 시간에는 이메일을 확인할 짬이 안 나요.

☞   미안하지만 지금 너무 정신이 없어서 대화할 여유가 없네요.

여러 번 눈치를 줬는데도 동료가 여전히 매일 저녁마다 술을 마시러 가자

든가, 회사에서 한 시간 가까이 대화를 나누고 싶어한다면, 이제는 직접 말하는 것이 오히려 상대를 위한 길이다.

☞ 저도 그 술집 좋아하긴 하지만 몇 달에 한 번씩만 가는 편이에요. 그 정도가 딱 좋더라고요.

☞ 주말에 만나자는 메시지 확인했어요. 솔직히 말하면 저는 회사와 사생활을 분리하고 싶어하는 편이라 직장 동료들과는 자주 어울리지 않으려고 해요. 그래도 그 전시회는 정말 괜찮아 보이던데, 모쪼록 즐거운 시간 보내길 바라요!

따뜻하고 활기찬 어조로 의사를 잘 전달한다면, 당신이 바라는 대로 공과 사를 구분할 수 있다.

---

31 | 동료와 페이스북 친구 맺기를 거절하고 싶어요.

사람마다 동료와 SNS 관계를 유지하는 방식이 각자 다르다. 사생활을 지키기 위해 페이스북은 비밀로 하고 싶은 사람도 있는 반면, 직장 동료와 서슴없이 SNS 친구를 맺는 사람도 있다. 어느 쪽이든 잘못된 것은 없지만, 만약 첫 번째 유형에 속한다면 가끔씩 동료가 페이스북 친구 신청을 수락하지 않는 이유를 물어오는 상황에 마주하게 된다.

한 가지 방법은 친구 신청을 수락하고 직장 동료들에게는 게시글 노출이 제한되도록 공개 범위를 수정하는 것이다. 그렇고 싶지 않다면 이렇게 설명하면 된다.

☞ 제가 좀 구식이라, 회사 사람들이랑 페이스북 친구하는 게 영 어색하더라고요. 나중에 둘 중 한 명이 이직하면 그때 해요!

☞ 페이스북 활동을 거의 안 해요. 조카들 사진 보려고 가입했거든요. 대신 링크드인으로 친구하죠! (동료뿐 아니라 상사에게도 쓸 수 있는 답변이다.)

---

32 | 동료가 퇴근 후에도 문자메시지를 보내요.

퇴근 후에도 문자를 끊임없이 보내는 동료에게 멈춰달라고 말하고 싶다면 두 가지 방법이 있다.

☞ 저녁에 메시지를 받으면 집에서 쉬는 기분이 안 들어요. 출근할 때까지 기다

려주면 정말 고맙겠어요.

☞　퇴근하고 집에 오면 업무와 완벽히 분리되고 싶어서요. 업무 시간 후에는 문자 말고 이메일로 보내줄 수 있나요? 부탁해요!

---

33 ｜ 동료들끼리 다툼이 벌어졌는데 한쪽 편을 들고 싶지 않아요.

일터에서는 서로 다른 의견으로 논쟁을 하는 일이 잦다. 지극히 정상적이다. 그러나 당신과 별 상관이 없는 사안이라면 분쟁이 벌어졌을 때 어느한쪽 편에 서서 굳이 참견할 필요는 없다. 이런 입장을 존중하는 사람들이 대부분이지만, 만약 당신이 관여하고 싶지 않은 다툼에서 동료가 당신에게 편을 들어달라는 눈치를 준다면 아래처럼 대응하면 된다.

☞　양쪽 입장 다 이해가 가서 제가 뭐라고 말할 수가 없네요. 두 사람 다 제게는 좋은 동료라 저는 이 문제에 끼지 않는 게 좋겠어요.

☞　마틴과 테드가 왜 화가 났는지도 알겠고, 이런 일이 생겨서 저도 마음이 안 좋지만, 저는 두 사람과 같이 일해야 하는 입장이라 한쪽 편만 들 수는 없어요.

☞　쉽지 않은 문제네요. 제가 누가 옳고 그른지를 판단할 위치가 아닌 것 같아요.

별 도움이 못 되어 미안해요.

---

34 | 실수로 메일에 참조된 동료를 험담했어요.

이런 실수가 많으니 조심해야 한다는 소리는 많이 들었지만 당신이 진짜 하게 될 줄은 몰랐을 것이다. 어떻게 수습해야 할까? 실수를 인정하고 진심으로 사과하는 수밖에 없다. 당신도 상대방도 어색한 대화를 감당해야 하겠지만, 사과를 해야 마땅한 일이고 몇 주, 몇 달 동안 문제를 모른 척하며 관계가 곪아가도록 두는 것보다는 덜 어색할 것이다.

☞ 　마틴, 조금 전에 보낸 이메일에 대해 사과하고 싶어요. 부적절한 말을 했어요. 부끄럽고, 정말 미안해요.

만약 메일에 적은 내용이 당사자에게 직접 말하지 못한 업무에 관련한 불만사항이었다면, 이 사건을 당신의 의견을 솔직하게 표현할 계기로 삼을 수 있다.

☞ 마틴, 조금 전에 보낸 이메일에 대해 사과하고 싶어요. 당신이 X 프로젝트를 진행할 때 몇 가지 불만이 있었는데 부적절하게 표현했어요. 화가 나서 그랬지만 변명의 여지 없이 제 잘못입니다. 당시 제게 업무가 늦게 전달되어서 일을 진행하는 것이 힘들었어요. 그러나 다른 사람에게 흉보지 말고 당신에게 직접 얘기를 했어야 했는데, 미안합니다.

35 | 사내 행사에서 술에 취한 모습을 보였어요.

회사에서 열린 행사에서 과하게 취하고 말았다. 어쩌면 빈속에 술을 마셨거나 주량을 과신한 탓일 수도 있고, 이성보다는 본능이 앞선 것일 수도 있고, 한 번쯤은 내려놓고 긴장을 풀고 싶었던 것일 수도 있다. 이유가 무엇이든 간에, 다음 날 아침 머리가 깨질 것 같은 두통과 시야가 빙글빙글 도는 숙취 말고도, 동료들 앞에서 테이블 위에 올라가 춤을 추고 발음이 뭉개져 잘 알아듣지 못하는 말을 하고, 고래고래 소리를 지르던 끔찍한 기억이 몰려와 당황스러울 것이다. 더 심각한 일도 많다. 사내 행사 자리에서 술에 취해 상사에게 주먹을 날렸다는 사연도 받은 적이 있으니. 모쪼록 당신은 이러지 않았길 바랄 뿐이다.

민망한 행동을 했다면 솔직하고 정직하게 대응하는 것이 최선이다. 당신의 만행을 가까이서 지켜본 사람들에게(상사가 모든 상황을 보고 있었다면 상사에게도) 술을 너무 마셔서 실수를 했다는 잘못을 인정하고, 앞으로는 이런 일이 없도록 하겠다고 다짐한 뒤, 사과해야 한다.

☞ 금요일 행사 자리에서 부끄러운 모습을 보여 미안합니다. 술을 그렇게 많이 마시진 않았는데, 본의 아니게 취한 모습을 보였어요. 불쾌하게 해서 죄송하고, 앞으로는 자중하도록 노력하겠습니다.

빈속에 술을 마셨다는 등 왜 그런 일이 벌어졌는지 사람들이 수긍할 만한 이유를 설명한다면 양해를 구하는 데 도움이 된다.

 독자 사연

동료가 큰 소리로 트림을 해요

사무실이 비교적 조용한 편이예요. 파티션이 없어서(사생활도 없고) 동료들이 서로를 배려하려는 분위기예요. 음악을 들을 때는 이어폰을 끼고, 개인적인 통화는 사무실 밖 계단에서 하는 등 서로 조심하고 있어요.

사무실 한쪽에는 문이 달린 작은 사무실이 쭉 이어져 있어요. 얼마 전 새로운 IT 업무 지원 기술자가 이 사무실 중 하나를 쓰게 되었어요. 적당히 거리를 지키면서 사람들과도 잘 지내고, 능력도 있고, 일 처리도 빠르고 해서 예전에 거쳐 갔던 사람들보다 낫다는 평가가 지배적이에요.

그런데 뭐가 문제냐고요? 트림이에요. 매일, 지독할 정도로, 길게, 우렁찬 소리로, 트림을 해요. 속이 메스꺼울 지경이에요.

도대체 어떻게 말해야 할지 모르겠어요. IT 기술자의 직속상사는 다른 건물에 있고, 인사 채용과 복리 후생을 담당하는 인사 부서가 있긴 하지만 항상 과중한 업무에 시달리는 직원 한 명 뿐이죠. 별 것도 아닌 일에 호들갑 떠는 사람으로 보이고 싶지는 않지만, 업무에 지장도 되고 더 이상은 견디기가 힘들어요. 좋은 방법 없을까요?

-------------------- SAY SOMETHING LIKE THIS --------------------

어쩌면 건강상의 문제일지도 몰라요. 그렇다면 당사자도 딱히 방법은 없겠죠. 그게 아니라면 꼭 누군가를 통해 말할 필요는 없어요. 당사자에게 직접 말해도 되죠. 저는 이렇게 말할 것 같아요. "트림할 때 밖에서 소리가 들려요. 좀 방해가 될 때가 있어요. 소리를 좀 작게 하거나 주의해줄 수 있을까요?"

인종 차별적이나 동성애를 혐오하는 등 차별적인 언행을 할 때 "그런 말 별로예요. 듣고 싶지 않다고요"라는 말을 일터라는 공간에 어울리게 순화해서 표현할 방법이 많다.

☞ 테드, 제가 당신과 똑같이 생각할 거라고 판단해서 그런 말을 제 앞에서 하는 건 아니길 바라요.

☞ 불쾌하게 들릴 수 있는 말이네요. 제 앞에서는 그런 말 하지 말아줘요.

☞ 저는 테드와 생각이 좀 달라요. 회사에서 하기 부적절한 말 같은데요. 그런 말은 삼가주세요.

☞ 대부분의 사람들이 불쾌하게 생각할 말일 뿐 아니라 회사에서 하기에는 부적절해요. 그런 이야기는 별로 듣고 싶지 않아요.

상대방이 그렇게 심한 말은 아니었고, 당신이 너무 예민하게 구는 거라고 대꾸하거나, 어떻게 대응해도 멈출 생각이 없어 보인다면 이렇게 말한다.

☞ 다시 말하지만, 이곳에서는 용납하기 어려운 발언입니다. 회사가 법적 책임을 지게 될 수도 있으니 앞으로는 그런 말을 삼가세요.

이렇게 말해도 상대의 부적절한 말이 계속된다면 실제로 동료로 인해 회사가 법적인 책임을 지게 될 수도 있으므로 상사나 인사팀에 고해야 한다. 상대가 지나치게 부적절한 언행을 한다면 곧장 인사팀에 알리는 것이 맞다. 그러나 대부분의 경우 인사팀에서는 당사자에게 직접 문제를 지적했는지 묻는 경우가 많으므로 절차상 우선 당사자에게 위와 같은 주의를 주기는 해야 한다.

---

37 | 동료가 정치 이야기를 해요.

회사 밖에서라면, 듣고 싶지 않은 정치 이야기를 늘어놓는 사람에게서 벗어나기가 어렵지 않다. 그러나 회사에서는 폐쇄된 공간에 함께 머물다보니 꼼짝없이 들어야 하는 때가 있다. 무엇보다 직장 동료와 괜한 긴장감을 조성하고 싶지 않기 때문에 마냥 무시할 수만도 없다.

그렇다 해서 당신의 의지와 상관없이 정치적인 대화에 참여해야 하는 것은 아니다. 정중하지만 단호하게 대화를 멈춰달라고 말할 의사가 있다면 이렇게 말하면 된다.

☞ 회사에서는 가급적 정치 이야기 안 하고 싶어요. 이해해주세요!

☞ 아, 저는 정치 이야기 정말 지겹더라고요. 다른 이야기 하죠.

☞ 회사에서는 정치 이야기 안 하기로 마음먹어서요. 그런데, 내일 아침에 회사
주차장에 푸드 트럭 오는 거 혹시 아세요?

상대가 멈추지 않는다면 조금 더 분명하게 말할 필요가 있다.

☞ 테드, 앞으로는 정치 이야기 하지 않기로 해요.

☞ 별로 이야기 하고 싶지 않은 주제네요. 그 이야기는 그만 하면 좋겠어요. 그나
저나, 새 상품 홍보는 어떻게 되고 있어요?

직접적으로 말해도 안 될 경우, 상대방이 눈치 챌 정도로 업무 이야기로
주제를 바꾸거나 핑계를 대고("프린터에 출력해놓은 서류가 있어요", "탕비실
에 가봐야 해요") 자리를 뜨면서 대화를 마무리한다.

당신이 구원을 받았는지, 어느 정도의 종교적 신념(혹은 신앙심 부족)을 지니고 있는지 꼬치꼬치 물어보는 등 회사에서는 가급적 피하고 싶은 종교 이야기를 동료가 계속 이어나가려고 할 때는 솔직하게 말하는 것이 최선이다.

☞　　회사에서 종교 이야기는 안 하고 싶어요. 양해해주세요!

솔직하게 말을 해서 얻는 또 하나의 장점은 누가 당신을 존중하고, 존중하지 않는지 분명하게 알 수 있다는 점이다. 합리적인 사람이라면 당신의 말을 듣고 즉시 대화를 멈추겠지만 비이성적인 사람은 안 그럴 테니까.

　하고 싶지 않다고 밝혔음에도 자꾸 종교적 이야기를 들이미는 비이성적인 사람이 있다면 상사나 인사팀을 찾아가야 한다. 문제의 동료를 보고할 때는 이렇게 말하면 된다.

☞　　종교 이야기를 하고 싶지 않다고 테드에게 부탁했지만, 상황이 개선되지 않고 있습니다. 제가 종교로 괴롭지 않게 없이 일할 수 있도록 조치를 취해주세요.

39 | 나이 차이가 나는 직원이 부모 행세를 하려 들어요.

사회 초년생이라면 나이가 많은 직원들과 '동료 대 동료'보다 '부모-자녀 관계'를 경험하게 될 경우가 생긴다. 그러다보면 건강이나 연애 관계, 식습관, 심지어 날씨에 맞는 옷차림에 대한 조언까지 과하게 친근한 관심을 받기도 한다.

애정 어린 조언이라면 그러려니 하거나 "고맙습니다. 제가 잘 해볼게요" 정도로 넘겨도 된다. 그러나 그 빈도가 너무 잦거나, 당신의 업무 처리 능력을 과소평가하는 태도를 보일 때는 가만히 듣고만 있어선 안 된다!

☞　**동료** 머리 스타일이랑 옷을 조금 더 신경 쓰면 남자가 줄을 설 거야.

☞　**당신** 회사에서는 제 외모나 남자 이야기 안 하고 싶어요. 이해해주세요! (조금 더 부드럽게 말하고 싶다면 "좋은 마음으로 그러시는 건 알지만 ……"으로 대화를 시작하면 된다.)

☞　**동료** 외투 잘 챙겨 입어야지, 날씨가 춥잖아!

☞　**당신** 몇 번 지적해주셨는데, 이제는 제가 알아서 할게요. 저한테만 과하게 챙겨주시는 것 같은데, 다른 분들과 마찬가지로 스스로 알아서 할 능력이 있는

성인이에요. 존중해주세요.

☞ **동료** 아까 건강 보험 회의한 거 좀 어려웠을 텐데, 다시 설명해줄까?

☞ **당신** 다른 직원들과 저를 다르게 대하시는 것 같아요. 아마도 제가 나이가 어려서 그러시겠지만, 도움이 필요한 어린 아이처럼 대하지 마시고 다른 사람들과 똑같이 대해주시길 부탁드려요.

---

40 | 동료가 출퇴근길에 차를 태워달라고 졸라요.

차를 태워달라고 요청하는 직원 때문에 고민하는 사연이 놀랄 만큼 많이 도착한다. 한두 번은 문제없지만 동료의 출퇴근 수단으로 고정되고 싶지는 않다는 것이 갈등의 핵심이다.

안타깝게도, 태워준다고 수락하는 횟수가 늘어갈수록 거절하기가 더욱 힘들어진다. 그러나 당신이 원한다면 혼자만의 시간을 되찾을 수 있다. 동료의 운전기사 역할을 벗어나기 가장 쉬운 방법은 차를 더 이상 태워주기 어려운 상황을 만드는 것이다.

☞ 퇴근하고 다른 동네에서 뭘 좀 해야 할 일이 생겨서 이제부터는 데려다주기 어려울 것 같아요.

☞ 아침에 아내/남편을 데려다주기로 해서 앞으로는 출근길에 태워주지 못하게 됐어요.

☞ 퇴근 후 약속이 많은 편인데 시간이 매번 좀 빠듯해서 앞으로는 집에 데려다주지 못할 것 같아요.

당신만 괜찮다면 단순히 혼자만의 시간이 필요하다고 설명해도 된다.

☞ 출근 전/ 퇴근 후에 혼자 재충전하는 시간이 없으면 너무 지치더라고요. 이해해주길 바라요!

차를 태워준 기간이 좀 되었다면 새로운 변화에 앞서 일주일 전쯤 상대에게 이야기해주어야 상대도 준비를 할 수 있다.

----

41 | 동료가 바라던 승진을 제가 하게 되었어요.

승진 소식에 기쁘긴 하겠지만 이 자리를 누구보다 바랐던 동료에게는 어떻게 말해야 할지 난감하다. 불편한 마음에 아무 말도 하지 않고 모른 척 있는 것보다 솔직하고 따뜻한 말을 건네면 어색한 기류를 바꾸는 데 도움이 된다.

☞ 테드도 원했던 자리인 거 알아요. 정말 능력 있는 분이라 생각하고, 그간 굉장히 좋은 성과를 보였다는 것도 잘 알고 있다는 점 말하고 싶었어요.

-----

42 | 동료가 무례하게 굴어요.

당신에게 지속적으로 무례하게 행동하고 무시하며 존중하지 않는 모습을 보이는 동료가 있다면, 침착하고 부드러운 톤으로 상대의 행동을 지적하

는 것만으로도 상대가 선을 넘는 결례를 범했고 당신이 그저 가만히 참아
주지만은 않을 거라는 메시지를 전할 수 있다.

　내 경우 과거 감정 기복이 심하고, 기분이 나빠질 때면 주변 사람들에
게 날을 세우던 동료에게 아래와 거의 똑같은 말을 한 적이 있다.

☞　　테드, 당신과 일하는 게 좋지만, 가끔씩 제게 무례하게 말하는 거 알고 있는지
　　　모르겠어요. 제 말을 듣기 싫은 것처럼, 제 의견을 존중하고 싶지 않다는 듯이
　　　행동할 때가 있어요. 자꾸 그러면 같이 일하는 게 서로 힘들어질 거예요.

아니면 이렇게 말할 수도 있다.

☞　　기분이 상하고 화가 났다는 건 이해해요. 하지만 그렇게 신경질적으로 말하면
　　　상황을 악화시킬 뿐이에요.

이렇게 길게 설명하지 않아도 된다. 상대방이 오해의 여지가 없이 무례하
게 굴 때는 정색하는 표정으로(혹은 실망스러운 표정으로) 이렇게만 말해도
원하는 바를 충분히 전달할 수 있다.

☞　　그 말 진심이 아니길 빌어요.

☞　　도대체 왜 그래요?

☞　　이 태도는 뭐죠?

----

43 | 동료가 제 아이디어를 가로채요.

동료가 당신의 아이디어를 가로챘다면 맥없이 지켜보고만 있어선 안 된다. 그런 행동을 멈추라고 당당하게 경고해야 한다.

이 같은 행동을 모르고 한 동료에게는 사실 관계를 언급하며 경각심을 줄 수 있다. 만약 의도적이었다면 앞으로는 이런 일을 되풀이해서는 안된다는 강력한 메시지를 전달해야 한다.

☞ **처음 있는 일이라면** 테드, 좀 전에 팀장님께 말했던 그 아이디어, 사실 어제 우리 회의 때 제가 한 이야기였어요. 물론 다른 의도가 있었다고 생각하지 않지만 앞으로는 누구 아이디어였는지 분명히 밝히면 좋겠어요. 그래야 팀장님도 팀원 모두가 열심히 하고 있다고 생각하실 테니까요.

☞ **매번 반복된다면** 제가 어떤 아이디어를 말하면 팀장님께 출처를 알리지 않고 보고를 할 때가 많더라고요. 제가 팀에 기여하고 있다는 점을 분명히 하고 싶으니 앞으로는 제가 직접 보고하게 해줄래요?

☞ **동료가 아이디어를 가로채려하는 순간 즉시 끼어들며** 아, 회의 시작하기 전에 제가 테드에게 말했던 아이디어인데요. 저는 어떻게 생각했냐면……

44 | 동료가 저에게 화가 난 것 같은데 도무지 이유를 모르겠어요.

항상 친절했던 동료가 갑자기 당신에게 화가 난 것처럼 보이지만 이유를 모를 때는 무시하거나, 직접 묻거나 두 가지 방법밖에 없다.

모르는 척하는 것이 좋을 때도 있다. 상대에게 시간을 주되 당신은 전과 다름없이 밝고 프로다운 모습을 유지하는 것이다. 일터에서 서로의 감정에 대해 지지부진한 대화를 나누고 싶지 않다면 프로다운 태도를 보이는 것이 중요하다. 이러다 보면 상대방이 스스로 마음을 정리하고 문제가 해결되는 경우가 많다.

상대방의 감정을 상하게 했거나 뭔가 잘못한 것 같다면 자초지종을 물어보고 싶은 마음이 강하게 들 수도 있다. 그때는 이렇게 말해보자.

☞   마틴, 내가 잘못한 일이 있는 것 같은데, 제가 사과하고 상황을 바로 잡을 수 있게 해줘요.

☞   우리 관계가 전과는 좀 달라진 것 같아요. 제가 마틴에게 실수한 일이 있나요?

☞   제가 본의 아니게 기분을 상하게 한 것 같아요. 만약 그랬다면 정말 미안해요! 다시 잘 지낼 수 있을까요?

45 | 동료를 결혼식에 초대하고 싶지 않아요.

그간 회사에서 사적인 대화를 자주 나눠왔다면 동료들은 당신의 결혼 소식에 큰 관심을 보일 것이다. 결혼은 뜨거운 대화 소재인 만큼 이런저런 다양한 이야기를 나누게 되는데, 실컷 대화를 나누다가 갑자기 "아, 근데 결혼식에 안 오셨으면 해요"라고 말하기가 어렵다.

그러나 회사 동료를 결혼식에 초대할 의무는 없다. 물론 초대할 생각이 었다면 문제될 것은 없다! 그러나 원치 않는다면 아래처럼 말해도 된다.

☞   저희가 조촐하게 식을 올릴 계획이라 친인척만 모시기로 했어요.

☞   양쪽 다 대가족이라 가족 외 하객은 모실 수가 없는 상황이에요.

☞   다들 와주시면 좋겠지만 장소가 너무 협소해서요.

"그 정도로 가까운 사이는 아니잖아요"라는 이유 대신 다른 적당한 이유를 대는 것이 중요하다. 하객 규모에 제한이 있다는 점은 대부분의 사람들이 이해하므로 이를 구실로 삼으면 난처한 상황은 피할 수 있다.

---

46 | 동료가 상을 당했는데 무슨 말을 해야 할지 모르겠어요.

상을 당한 사람에게 어떤 말을 해야 할지 고민하는 사람들이 많다. 당사자에게 정말 위로가 되는 말을 해야 한다는 부담감도 있고, 괜한 말을 꺼내 아픔을 들추는 것은 아닐지 걱정하기도 한다 (당사자에게는 결코 잊을 수 없는 일이므로, 역으로 다 잊은 일을 들추는 것은 아닌가 하는 걱정은 사실 하지 않아도 된다).

다행히도 상을 당한 사람에게 해야 할 말은 정해져 있다. 특별한 말을 찾아 고민하지 않아도 된다(잘못했다간 더 큰 실수를 할 위험이 높다). "얼마나 상심이 크십니까?", "삼가 조의를 표합니다"와 같이 일반적으로 통용되는 인사말을 하는 것이 좋다.

☞   모친 별세에 삼가 조의를 표합니다. 마틴과 가족 분들을 위해 기도하겠습니다.

직접 얼굴을 보고 이야기해도 좋지만 카드나 이메일로 인사를 전해도 된다. 상을 당한 동료에게 아무 말도 하지 않고 넘어가는 사람들이 놀라울 정도로 많은데(여러모로 불편해서겠지만), 무슨 일이 생겼는지 알고 있다는 인사를 전하는 것만으로도 당사자에게는 큰 힘이 된다.

47 | 제 신상에 관한 소식을 동료에게 알리고 싶습니다.

이혼이나 위중한 병에 걸렸다는 등 힘든 소식을 알리는 일이 무척 부담스러울 수 있다. 관련한 대화를 나누고 싶지 않거나 나쁜 소식에 사람들이 보이는 어색한 반응을 피하고 싶기도 하다.

직장에서 호들갑스러운 분위기를 원치 않는다면 그저 담담하게 있는 사실만 전하는 것이 가장 좋다. 가령, 누군가 당신의 배우자에 대해 물어온다면 "사실 아내와 이혼 절차를 밟고 있어요"라고 담백하게 말하는 것이다. 걱정의 말을 전하고 슬픔을 표하는 동료에게 "고마워요. 힘든 시기지만 둘 다 잘 이겨내고 있어요" 혹은 "괜찮아요" 등 당신이 잘 해결하고 있다는 것을 보여주는 정도로, 그리고 타인의 위로가 필요 없다는 뉘앙스로 답변하면 된다.

어떻게 된 상황인지, 당신은 괜찮은지 묻지 않는 것을 사려 깊지 못한 행동이라고 생각하는 사람들이 많기 때문에, 만약 당신이 대답하고 싶지 않다면 이 점을 조금 더 분명하게 하고 지나갈 필요가 있다. "저는 괜찮아요. 업무에 집중하려고 노력하고 있어요"라는 답변이나, '이야기하고 싶지 않다'는 뉘앙스의 대답을 이해해주는 사람이 대다수이다. 그러나 당신의 의중을 파악하지 못하는 사람에게는 직접적으로 이야기해도 된다.

☞   회사에서는 가급적 이야기하지 않고 싶어요. 생각보다 괜찮아요.

괜찮지 않더라도 이렇게 이야기해야 긴 대화를 피할 수 있다. 또 다른 방법은 제3자를 통해 소식을 전하는 것이다. 그 사람에게 이렇게 말해달라 부탁할 수 있다.

☞   애니가 파혼했어요. 괜찮아 보이지만 가급적 말을 꺼내지 않는 편이 좋을 것 같아요.

---

48 | 퇴사를 하게 되었는데 어느 곳으로 이직하는지는 밝히고 싶지 않아요.

퇴사를 앞두고 보통은 어느 회사로 옮기느냐는 질문을 받게 된다. 크게 불편한 질문은 아니지만, 새로 옮기는 회사를 밝히기 어려운 경우도 있다. 예컨대 경쟁사로 이직을 하게 되었거나, 지금 이 회사가 비정상적인 조직이라 현 상사가 새 직장에 당신에 대해 나쁜 이야기를 할까봐 불안할 때 등이다.

동료가 이직할 곳을 묻는 것은 일상적인 현상이므로 답변을 거부한다면 외려 이상하게 보인다. 대답하고 싶지 않다는 거부 의사보다는 대충 얼버무리는 편이 낫다.

☞   다른 업계에 작은 회사예요. 지금 하는 일과 비슷한 일을 할 것 같아요.

상대가 꼬치꼬치 묻는다면 이렇게 대응한다.

☞   아직 말하기 어려운 단계라, 최종적으로 결정 난 후 다시 알려드릴게요.

---

49 | 동료가 해고를 당했어요.

직장에서 해고당한 사람들 가운데 동료들에게서 작별 인사를 받지 못하거나 심지어 몇 년간 가깝게 지냈던 사람들에게서도 제대로 된 인사를 전해듣지 못했다고 토로하는 사람들이 상당히 많다.

아마도 대부분의 사람들이 해고당한 동료와 대화를 나누는 것이 어색하고 도무지 무슨 말을 해야 할지 모르기 때문일 것이다. 당신도 지금 같은 고민에 휩싸였다면, 가장 좋은 방법은 해고를 당한 게 아니라 자신의 의지로 회사를 떠나는 사람이라 생각하고 인사를 전하는 것이다.

☞　　같이 일하지 못하게 되어서 아쉬워요! 그동안 좋은 동료가 되어줘서 정말 고
　　　　맙고, 계속 연락하고 지냈으면 좋겠어요. 혹시 구직 활동할 때 제가 도와줄 수
　　　　있는 일이 있으면 언제든지 알려줘요.

상대에게 고마웠던 일을 구체적으로 짚어 감사 인사를 하면 더 좋다. 회
사에서 나가달라는 요청을 받아 우울한 만큼 자신의 가치를 기억해주는
사람이 있다는 사실에 큰 감동을 받을 것이다.

☞　　테드, 당신이 까다로운 고객을 대응하는 모습을 보면서 정말 많이 배웠어요.
　　　　중심을 잃을 만한 상황에서도 항상 침착하고 의연하던 당신을 항상 본받고 싶
　　　　었어요.

"이런 일이 벌어지다니 너무 안타깝네요"처럼 해고를 당한 상황에 대해
공감어린 말을 전해도 된다. 그러나 해고 사유를 정확하게 모르는 이상,
"사장님이 도대체 무슨 생각인지 모르겠어요" 혹은 "테드 같은 직원을 내
보내다니 제정신이 아닌 거죠" 등의 언사는 삼가는 편이 좋다. 외부에서
보기에는 말도 안 되는 결정같이 보여도 알고 보면 해고당할 만한 사유가
있는 경우가 많다.

- -

50 | 동료의 추천인이 되고 싶지 않아요.

동료가 추천인이 되어달라고 부탁하지만 그다지 좋은 추천서를 써줄 생각이 없을 때 거절하는 방법이 있다. 그러나 미안하지만, 이런 대화를 어색하지 않게 할 방법은 없다.

☞ **솔직하게 말한다** 저는 추천인으로 적임자가 아닌 것 같아요. X와 Y를 함께 진행할 때 있었던 문제 때문에요. 물론 다른 회사에서는 그리 심각하게 볼 문제가 아닐 수도 있지만, 제 추천서가 그리 도움은 안 될 것 같네요. 부탁을 들어주지 못해 미안해요!

☞ **상사가 아니라서 업무를 평가하기가 어렵다고 말한다** 매니저로서 테드의 업무를 평가하는 입장이 아니었기 때문에 제가 추천인으로 적격은 아닌 것 같아요.

☞ **업무 평가가 가능한 사이라면 우정 핑계를 댄다** 친구에게 추천서를 써주는 것이 좀 민망한데. 내가 공정한 입장이 아니기도 하고 추천인으로서 신뢰를 잃게 되면 나중에 네게도 문제가 될 수 있잖아.

☞ **얼버무린다** 아, 저는 적임자가 아닌 것 같아요. 미안해요!" 혹은 "다른 건 다 괜찮은데, 추천인은 자신이 없어요(이렇게 말할 경우 상대가 이유를 물을 상황도 대비해야 한다. 위에 나온 답변 중 하나를 선택해 답하면 된다. 그러나 모든 사람이 이

유를 캐묻지는 않을 터이므로, 얼버무리는 정도로도 상황을 모면할 수 있다).

TIP

여기 나온 대화들을 이메일로 해도 될까?

이 책에 소개된 대화는 대부분은 직접 마주하거나, (상대와 다른 지역에 있는 경우) 유선상으로 나누는 상황을 가정하고 있다. 따라서 이메일로는 적합하지 않은 경우가 많다. 이메일로 소통을 하면 대화의 어조를 정확하게 전달하기가 어렵고, 상대방의 반응을 바로 확인할 수 없어 필요에 따라 유연하게 화법을 바꾸는 것도 불가능하다.

직접 말하기 어렵고 불편한 대화일수록 감정적으로 예민한 사안이자 오해의 소지가 높다는 의미이므로, 실제로 얼굴을 보고 이야기할 때 대화가 잘될 가능성이 높다는 뜻이기도 하다. 따라서 이런 주제의 대화는 이메일로 일방적인 소통을 하기보다는 당사자인 두 사람이 서로 대화를 주고받는 것이 안전하고, 그래야 당신의 어조도 상황에 맞게 조절할 수 있다.

그럼에도 만약 이메일로 얘기해야 한다면 다음 몇 가지 유의 사항을 명심하기 바란다.

☞ 간단명료하게 말한다.

글을 길게 쓰지 않는 편이 좋다. 특히나 감정적으로 예민한 주제에 대해서 너무 길게 쓰면 일방적으로 불평불만을 늘어놓는 것처럼 보인다.

☞ 보내기 전에 문장을 다시 읽어보며 어조를 조절한다.

화가 난 것처럼 보이거나, 너무 퉁명스럽거나 냉정하게 읽히지는 않는가? 상대방이 이미 당신이 본인을 싫어한다고 생각하는 상태라면? 그럴 때는 단어 몇 개만 바꿔도 글이 한결 부드러워진다. 별 것 아닌 것 같겠지만 아래 두 개의 이메일을 한 번 살펴보길 바란다.

마틴에게,

어제 출시된 상품 관련해서 상의할 일이 있으니 제 사무실에 들러주세요.

제나

안녕하세요, 마틴!

어제 상품 출시 관련해서 이야기를 나누고 싶어요. 오후에 시간 괜찮으면 잠시 제 사무실에 들러주실래요?

고마워요.

제나

☞ **회사에서 통용되는 의사소통 방식에 따른다.**

어떤 회사는 모든 일을 이메일로 처리하기도 한다. 간단한 업무는 이메일로 소통하고, 중요한 업무 시에만 직접 이야기를 나누는 곳도 있다. 어떤 회사는 이름이나 인사말도 쓰지 않고 아주 짧고 간결한 이메일로 소통하는 것이 일반적이기도 하다. 사무실에서 통용되는 소통방식을 파악한다면 자신의 의도를 상대에게 잘 전달할 확률이 높아진다.

☞ **이메일로 한계가 있다면 방식을 바꿔야 한다.**

이메일에만 의존하다가는 다른 방식으로 소통해야 한다는 신호가 전해져도 놓치고 만다. 오가는 이메일의 열기가 과해지고, 상대방이 불편한 기색을 내비치거나, 자신도 모르는 새 자꾸 장문의 이메일을 쓰고 있다면 통화를 하거나 직접 얼굴을 보고 이야기 나눌 때가 왔음을 의미한다. 만약 이메일을 몇 통 썼는데 회신이 없다면 더는 이메일로 해결할 수 없는 단계이고 다른 방식으로 소통할 방법을 찾아야 한다는 뜻이다.

3부 | 상사로서 직원과의 대화

친절하지만 단호하게 의사소통하는 법

상사는 무슨 일을 할까? 상사가 된다는 것은 무슨 뜻일까?

상사가 된다는 것은 문제가 생겼을 때, 실제로 해결할 수 있는 권력과 능력이 생긴다는 의미다. 다른 사람을 회유하거나 설득할 필요가 없다. 자신에게 필요한 것을 더 솔직히 밝힐 수 있고, 당신이 사람들에게 기대하는 바를 책임지고 이행토록 하는 권한과 의무가 있다.

상사 자리가 꼭 직원들을 괴롭혀야 하는 위치라는 뜻은 아니다. 실상 그와 정반대다. 많은 사람의 생계를 좌우할 권한과 통제력이 있는 만큼, 이들에게 따뜻한 마음으로 연민을 베풀어야 할 의무도 짊어진 셈이다. 그와 동시에 직원을 향한 기대치를 높게 가져야 한다.

이 사이에서 중심을 찾는 것이 단연 어려운 임무다. 친절하고 따뜻한 상사가 되기 위해 너무 유연하게 접근하면 상사로서 전달해야 할 메시지가 제대로 전달되지 못하는 경우가 많다. 상사의 친절함이 지나치면 직원이 탁월한 업무 능력을 발휘하기 위해 해야 할 일이 무엇인지 깨달을 기회를 잃고, 결과적으로는 상사의 친절함이 독이 되는 상황이나 다름없다. 한편, 성과만을 지향하는 상사는 자신이 관리하는 대상이 사람이라는 점을 간과한다. 직원이 로봇처럼 대우받을 때 동기가 낮아진다는 것을 잊고 만다.

중간 지점을 찾는 것이 상당히 어려운 일인 만큼 실패하는 상사들이 많다. 그러나 아래 네 가지 원칙만 기억하면 두 마리 토끼를 잡을 수 있다.

☑ **당신이 상사로서 할 수 있는 최고의 선행은 직원들에게 분명한 메시지를 전달하는 것이다.**

상사는 직원들과 어려운 대화를 나누어야 한다. 이 일은 상사가 해야 할 의무다. 이런 대화를 미루거나 듣기 좋게 하고 싶다는 갈등에 시달리겠지만 그래선 안 된다. 특히나 직원들에게 어떤 점을 바꾸고 노력해야 하는지 알리는 대화에서 메시지를 정확하게 전달하지 않는다면 직원들의 고통만 가중된다.

이렇게 되면 연봉 협상, 승진, 프로젝트 배정, 평판, 어쩌면 재직 기간의 단축까지 불이익을 받는 것은 결국 직원들이다. 따라서 당신은 직원들에게 솔직하고 직접적인 메시지를 전달해야 할 의무가 있다.

☑ **말할 때의 어조가 중요하다.**

어색하거나 민감할 수 있는 대화에서는 말을 하는 어조가 중요한데, 상사로서 더욱 신경 써야 할 사안이다. 당신의 어조에 따라 사무실을 나서는 직원이 '힘든 대화였지만 결과적으로는 좋았던 것 같아'라고 생각할 수도 있고, '정말 끔찍한 시간이었어. 하루 종일 화장실에 숨어 있고 싶다'라고 생각하게 만들 수도 있다. 당신이 선택하는 단어는 분명하고 명확하되, 어조는 따뜻하고 친절해야 한다.

☑️ 혼내는 것이 아니라 대화를 나누는 것이다.

직원이 실수를 했을 경우 상사는, 특히 새로 부임한 상사는 부하직원을 엄하게 잡아야겠다는 생각을 한다. 그러나 대부분의 경우에는 그렇게 행동해선 안 된다. 단순히 어떤 문제가 왜 발생했는지 설명을 듣고 앞으로 같은 실수를 반복하지 않겠다는 직원을 다짐을 받는다면 상사로서 책임과 의무를 다하는 것이다. 특히 성실한 직원이 저지른 실수라면 이 정도의 대화로도 상황을 바로 잡기에 충분하다.

'무슨 일인가?', '어떻게 된 일인가?' 이 두 가지 질문이면 상사인 당신이 우려하고 있다는 메시지를 전달하기에는 충분하다.

☑️ 까다롭고 어려운 대화를 나눠야 한다면 중요한 내용을 적은 뒤 미리 연습해보는 것이 좋다.

미리 계획하면 생각을 정리하고 핵심을 명확하게 밝히는 데 도움이 된다. 소리 내어 연습하는 것이 어색하겠지만 해야 할 말을 빼놓지 않고 전달하는 데는 굉장히 유용한 방법이다. 예를 들어, 성과가 나아지지 않으면 해고를 당할 위험에 처해 있다는 말을 직원에게 해야 할 때, 특히 정확한 단어와 분명한 어조로 대화를 이끌어야 하지만 사실 그러기가 쉽지 않다. 따라서 말과 어조를 소리 내어 연습하며 위화감을 줄인다면 실제 상황에서 자신의 의도를 명확하게 전달하는 데 큰 도움이 된다.

1 | 직원이 일을 너무 못합니다.

직원에게 업무 능력을 지적해야 하는 것이 고통스럽지만, 이런 대화는 피할 수도 없고 미뤄서도 안 된다. 평균 혹은 평균 이하의 업무 능력을 보이는 직원을 계속 두고 본다면 팀의 성과가 떨어지는 것은 물론이고 해당 직원의 직업적 평판, 업무 평가, 연봉에 악영향을 미치고 심지어 해고 사유가 될 수 있다.

특정 프로젝트에 국한된 문제인지, 전반적인 업무 방식의 문제인지에 따라 대화의 방향이 달라진다.

프로젝트에서 실망스러운 모습을 보인 경우라면 대화가 그다지 어렵지 않다. 어떤 부분이 부족했는지 간단하게 전달하면 된다. 직원의 업무 패턴상 문제가 아니기 때문에 직원의 업무 수행 능력보다는 그저 의사소통의 문제로 이해하고 대화를 풀어가면 된다.

☞ 이 프로젝트가 어떤 방향으로 진행돼야 하는지 내가 명확하게 설명하지 않은 것 같아요. 여러 사람에게 노출되는 프로젝트인 만큼 조금 더 분명한 틀을 갖춰야 하고 배경 정보도 충분히 제공되어야 합니다. 다시 말하면……

직원의 전반적인 업무 방식에 문제가 있다면 업무 패턴에 대한 피드백을

줘야 할 사안이다. 직원의 문제가 잘못된 업무 방식에 기인하고 있다는 것을 알면서도 상사는 '업무 패턴이 잘못되었다'라고 속 시원하게 말하는 대신, 그때그때 단편적 문제만을 지적하고는 직원이 자신의 말뜻을 이해할 것이라고 생각한다. 그러나 직원은 자신에게 잘못된 패턴이 있고 그것이 심각한 문제라는 사실을 인지하지 못한다.

업무 방식에 대한 피드백은 보통 다음 공식을 따른다. "업무에 이러이러한 패턴이 있는데, 대신 이렇게 해줬으면 좋겠어요."

☞ 테드, 맡은 일을 끝까지 완수하고, 놓치는 부분이 없도록 거듭 확인해야 한다고 몇 번 이야기했는데 아직 개선되지 않네요. 이렇게 업무를 처리하는 방식이 패턴이 된 것 같아 걱정됩니다. 테드 위치에서는 끝까지 완벽하게 업무를 완수하는 것이 아주 중요하거든요. 어떤 점이 잘못되었고, 앞으로 어떻게 해야 될지 이야기를 나눠볼까요?

그래도 나아지지 않는다면, 심각한 직무적 문제(이 일에 적합한 인재인가에 대한 문제)로 봐야 할 때다. 그러나 대부분의 경우 잘못된 업무 패턴을 짚어주는 것만으로도 직원 스스로 잘못된 습관을 바로 잡거나, 혹은 습관을 바로 잡기 위해 어떤 도움이 필요할지 일깨워주기에는 충분하다.

2 | 직원들에게 잡담 시간을 줄이라고 지적하고 싶어요.

회사에서 사교적인 시간이 도움이 되기도 한다. 직원들이 사이가 좋을수록 팀워크도 좋아지기 때문이다. 업무 시간에도 잠깐의 휴식 시간이 필요한 만큼 적당한 대화는 문제될 것이 전혀 없다.

업무 성과가 높은 직원에게 휴식 시간까지 관여하다가는 사기가 저하되고 역효과만 생길 수 있다. 업무를 충실하게 수행하고 성과도 좋은 직원이라면 어떤 경우에도 스스로 잘하리라는 믿음을 가져야 한다. 지나친 대화가 직원 본인의 업무에 영향을 끼치고 있다는 판단이 들 때는 (당신이 기대하는 만큼 업무 속도가 안 나고 있다는 등을 언급하며) 생산성의 문제로 접근하는 편이 좋다

☞ 다른 동료들과 대화하는 시간이 길어 업무 집중력이 떨어지는 것 같네요. 다른 사람들과 어울리는 시간을 좀 줄여보면 어떨까요?

다른 직원들에게 피해를 주고 있다면 이렇게 말해보자.

☞ 제나와 대화하는 시간이 제법 긴 것 같아요. 업무 처리 속도가 빠른 사람이라 큰 걱정은 안 하지만, 사무실에서 잡담을 많이 하면 다른 직원들이 아무래도

신경이 쓰일 수 있거든요. 그러니 대화를 조금 줄여줄 수 있을까요?

---

3 | 직원이 업무 시간에 SNS를 너무 많이 해요.

직원의 책상을 지나칠 때마다 인스타그램이나 트위터를 하는 모습이 보이면, 이 직원의 업무 성과가 어떤지부터 확인하고 싶어진다. 업무 능력이 출중한 직원이라면 아주 효율적으로 시간 관리를 잘하는 거라고 여겨야 한다. 그러나 업무 집중력과 생산성에 분명 문제가 있다는 의심이 드는 경우에는 이렇게 말할 수 있다.

☞ 인터넷이나 스마트폰을 잠깐씩 확인하는 것은 별 문제가 없지만, 테드는 잠깐씩이라고 보기 어려울 정도네요. 현재 진행 중인 중요한 프로젝트도 많고 이메일 업무도 많이 쌓여 있는 것 같던데, 자중해주었으면 좋겠어요.

☞ 인터넷을 하는 시간이 많은 것 같은데, 솔직히 말해 업무 시간을 어떻게 쓰고 있는 건지 궁금해요. 업무 일과와 우선순위를 이야기해볼까요?

---

4 직원이 마감기한을 자주 어겨요.

직원과 함께 마감기한을 설정했지만 지켜지지 않았다면 즉시 상황을 인지하고 원인을 파악해야 한다. 그러지 않으면 직원들은 마감기한을 꼭 지키지 않아도 된다는 인식이 생겨 앞으로도 이런 일이 자주 벌어지게 될 것이다.

그러나 호되게 질책하며 눈물을 쏙 빼야 할 필요는 없다. 대부분의 경우 그저 "그 일은 어떻게 됐나요?"라고 정도로도 당신이 마감에 신경 쓰고 있다는 의사를 전달하고 책임 소재를 확인하기에 충분하다. 가볍게 물으면 된다.

☞ 어제까지 제출하기로 했는데 어떻게 됐나요?

사실 "어떻게 됐나요?"라는 말은, 직원의 책임 의식을 높이고 싶을 때나 현재 벌어진 일은 수용하기가 어렵고 앞으로는 다시 같은 문제가 발생해서는 안 된다는 메시지를 전달하고 싶을 때라면 언제든지 사용할 수 있는 굉장히 유용한 질문이다. 또한 상사인 당신이 몰랐던 사실("전기가 나가서 이메일을 보낼 수 없었습니다" 혹은 "제가 입원을 했었습니다" 등)에 대해 직원이 말할 수 있는 계기가 되기도 한다.

만약 직원이 매번 같은 이야기를 하거나 계속 마감을 어긴다면 "요즘 무슨 일 있나요?"로 질문을 바꿔야 한다.

☞　　어제 블로그도 그렇고, 지난달 보고서도 그렇고 요즘 마감을 자주 어기네요. 요즘 무슨 일 있나요?

이 질문을 통해 당신이 미처 몰랐던 사유를 직원이 털어놓을 수도 있다. 업무를 완수하는 데 문제가 있었다거나 어쩌면 당신이 직원에게 분명하게 마감을 일러주지 않았을 수도 있다. 그러나 그럴듯한 사유가 없다면 아래의 단계를 따라야 한다.

1. 마감기한을 어기면 어떤 상황이 발생하는지 설명한다.

"마감기한을 어기면 나는 물론 다른 직원들에게까지 도미노 효과가 발생해요. 늦게 온 서류를 검토하느라 야근을 해야 하거나 다른 급한 업무를 미뤄야 하는 상황도 생겨요. 시간 약속을 어겼으니 바이어에게도 결코 좋게 보일 수 없겠죠. 마감기한이 정해지면 나는 그 일정에 맞춰서 모든 것을 계획하기 때문에 반드시 지키거나, 마감을 못 맞출 상황이라면 최소한 미리 알려줘야 합니다."

2. 정해진 마감기한을 지키고 업무를 처리하기 위해 어떤 시스템을 활용하고 있는지 묻는다.

특별한 체계를 갖추고 있는가? 그저 기억에만 의존해 업무를 처리하는

가? 업무를 미리 처리하는 편인가, 아니면 뒤늦게 시작해 시간에 쫓기며 일을 하는 타입인가? 업무 스타일에 따라 업무 코칭이나 새로운 시스템 혹은 습관이 필요한 상황일 수도 있다.

3. 앞으로 직원에게 어떤 모습을 기대하는지 분명하게 밝힌다.

마감기한을 어기는 습관은 심각한 문제이므로 조금 더 권위적인 어조를 사용해도 된다.

"앞으로는 시간이 부족해질 상황을 대비해 프로젝트를 좀 더 일찍 시작하는 것으로 알고 있을게요. 조금 전에 말했던 새로운 계획표를 따라 업무를 진행하고, 만약 마감을 지키지 못할 것 같다면 미리 내게 와서 보고하는 겁니다. 이렇게 해줄 수 있겠어요?"

----

5 | 직원은 일이 너무 많다고 하는데 제가 보기엔 적절한 수준이에요.

일이 너무 많다고 직원이 불만을 터뜨리지만 당신이 보기에는 충분히 소화할 수 있다고 생각될 때는 섣불리 직원을 비난하기 전 상황을 조금 더 알아보는 것이 좋다. 직원의 업무량을 자세히 판단하는 데 필요한 질문을 하거나 어떤 업무를 처리하는 데 얼마나 걸리는지, 왜 그런지 등을 물어보는 것을 불편하게 생각해선 안 된다. 또한 비슷한 직무를 수행하는 고성과자들의 업무량을 알고 있다면 직원에게 어느 정도를 기대해도 되는지 기준을 마련할 수 있다.

그러나 아무리 생각해도 이 정도의 업무량은 충분히 해줘야 한다는 생각이 들 때는 "무슨 뜻인지는 알겠지만 지금 ○○씨의 자리에서는~" 화법을 쓰는 것이 좋다.

☞ 　 테드, 업무가 많고, 동시에 처리해야 하는 일이 많아 힘들다는 것도 잘 알지만, 테드 자리는 여러 업무를 동시에 처리해줘야 해요. 내 생각에는 X를 조금 더 빨리 처리하면 Y가 한결 수월해질 것 같아요.

---

6 | 직원에게 업무 지적을 하면 방어적으로 반응합니다.

상사로서 가장 다루기 까다로운 직원은 피드백을 줄 때 방어적으로 응답하는 직원이다. 하고자 하는 말을 정확하게 전달하고 이해시키기가 어렵기 때문이다. 인간의 본성이라 하더라도 방어적인 태도는 대화를 불쾌하게 만들기 때문에 앞으로는 이 직원에게 피드백을 주고 싶지 않다는 생각이 들게 한다. 이런 태도를 보이는 직원에게는 방어적인 자세를 문제로 지적해야 한다.

☞ 테드, 개선해야 할 점을 알려주면 반발하거나 개선할 필요가 없다는 식으로 말할 때가 많은데요. 방어적으로 느껴지고, 때론 너무 적대적으로 보일 때가 있어요.

이렇게 말한 뒤에 직원의 생각을 들어보는 게 좋다. 자신이 그렇게 느껴지리라고는 생각하지 못했다고 말할 수도 있고, 무엇이 잘못되었는지 모르겠다고 답할 수도 있다. 계속 방어적인 태도를 보이면 조금 더 설명해야 한다.

☞ 테드, 태도를 조금 달리해줬으면 좋겠어요. 내가 테드에게 무엇을 걱정하고 있고, 어떻게 해야 좋은지 의견을 제시하면 귀담아 들어줬으면 합니다. 나와 의견이 다르다면 기꺼이 들을 용의가 있지만 테드도 내 말을 들어줘야 합니다. 본능적으로 귀를 막고 거부하려고 한다면 서로 대화하는 것이 힘들어질 뿐이에요.

☞ 테드, 나는 무언가를 달리 해달라고 부탁하는 것이지, 싸우고 싶다는 뜻이 아닙니다. 일을 배우고 역량을 키우는 과정일 뿐이죠. 우리는 한배를 탄 공동체이고, 직원이 업무 능력을 쌓도록 돕는 것이 내가 할 일입니다. 피드백일 뿐이지 테드가 큰 잘못을 하고 있거나 실패하고 있다는 의미가 아니에요. 경력을

쌓으며 성장하는 과정의 일부죠. 앞으로 내가 피드백을 줄 때는 이렇게 이해하고 받아들일 수 있겠어요?

이 대화를 나눌 때는 어조에 각별한 주의를 기울여야 한다. 이미 업무를 지적받아 방어적인 상태이기 때문에 태도로 인해 또 비난을 받는다는 기분을 느끼게 해서는 안 된다. '이미 잘하고 있지만 더 나아질 수 있도록 돕고 싶다'라는 어조를 유지하는 것이 중요하다.

---

7 | 동료에 대한 불만을 늘어놓는 직원에게 그만하라고 말하고 싶습니다.

동료에 대해 불평을 하는 직원에게 '이제 그만하세요'라는 의사를 표현하는 동시에, 추후 필요할지도 모를 정보의 수집 가능성도 열어둘 방법이 있다.

무엇이 불만인지 이해했고 직원 입장에서 상황을 고려해봤으나, 자꾸 같은 이야기를 반복하는 것은 그리 건설적이지 않고 업무에 지장을 초래할 수도 있다는 식으로 설명해야 한다(직원의 입장에서 고려해봤지만 다르게 생각하는 이유가 있다면 설명하는 게 좋다).

☞　테드, 당신의 상황을 충분히 이해했고, 또 내게 솔직하게 이야기해줘서 고마워요. 먼저 해준 이야기에 대해 나도 좀 생각해봤는데 내 생각은 ＿＿＿＿＿ 이에요. 나와 의견이 다를 줄은 알지만, 자꾸 이 문제에만 집중하는 것은 그리 좋은 생각 같지 않아요. 업무를 하며 필요한 것이 있다면 언제든지 편히 이야기하세요. 다만 마틴이 아닌 테드 본인에 대한 이야기면 좋겠어요. 앞으로는 그렇게 해줄래요?

어쩌면 동료에게 문제가 있다는 것을 인지하고, 드러나지 않게 이 문제를 바로잡으려, 상사인 당신에게 털어놓는 것일 수도 있다.

☞　솔직한 의견을 전해줘서 고마워요. 왜 그렇게 느끼는지 충분히 이해할 수 있어요. 조치를 취할 예정이지만 조용히 처리할 거라, 당장은 큰 변화를 체감하지 못할 수도 있어요.

혹은 "내가 생각하기에는 효율적으로 처리하고 있어요", "이제부터 특별한 일이 없는 한, 내가 직접 나설 생각이니 그렇게 알아주세요"라고 말한다.

---

8 | 일은 잘하지만 동료들과 사이가 나쁜 직원이 있어요.

업무 능력은 뛰어나지만 사회성이 떨어지는 직원이 있을 때 상사가 나서도 될지 고민이 된다. 대인관계 능력이 코딩이나 프레젠테이션처럼 상사가 알려주고 방향을 설정해도 되는 것인지 확실하지 않기 때문이다. 그러나 동료와 적당한 관계를 유지하는 능력, 최소한 친절하고 정중한 태도를 유지하는 능력은 어떤 직무에서든 중요하다. 따라서 좋은 관계를 유지하는 것이 중요하다는 것을 설명하고, 그 의무를 다해야 하는 이유를 가르쳐주는 것도 상사의 책임이다.

☞ 테드, 팀원들과 잘 지내는 것도 당신의 업무 중 하나예요. 팀원들이 당신과 대화하는 것을 불편하게 여긴다면 업무 효율성이 떨어질 수밖에 없어요. 너무 신경질적으로 말을 하거나 짜증을 부리면 서로 불쾌해지죠. 지금 테드의 역할을 잘 수행하기 위해서는 코딩을 잘하는 것만으로는 부족해요. 혼자 하는 일이 아니니까 동료들과 좋은 관계를 유지하는 것도 상당히 중요해요. 그러니 동료가 말할 때 눈을 굴리며 어이없다는 표정을 짓거나, 신경질적으로 말하지 말고, 사람들과 잘 지내보길 바라요.

9 | 직원 두 명이 유난히 사이가 안 좋아요.

두 사람이 잘 지내지 못할 때 가장 먼저 확인해야 할 것은 두 사람의 관계가 업무나 다른 직원들에게 영향을 끼치느냐다. 두 사람이 서로 싫어하는 것뿐이라면 별 문제는 안 된다. 서로를 반드시 좋아해야 할 필요는 없으니까. 그러나 다른 직원들을 불편하게 만들어서도 안 되고, 서로에게도 최소한의 예의와 프로다운 모습은 지켜야 한다. 그렇지 않을 때는 상사인 당신이 나서야 한다.

우선 두 사람 사이가 안 좋은 이유가 무엇인지, 성격이 아니라 업무에서 비롯된 충돌인지 확인해야 한다. 한 사람이 마감기한을 자주 어겨 업무에 차질을 빚거나 고객에게 무례한 태도를 보여 비롯된 문제라면 그것부터 해결해야 한다. 그 후 두 사람과 따로 이야기를 나누어야 한다.

☞ 마틴. 테드와 불편한 관계인 것 알아요. 어떤 이유에서인지 내가 알 필요는 없지만 만약 업무에 관한 거라면 이야기해주길 바라요. 하지만 무엇보다 다른 직원들은 물론 서로에게도 프로다운 태도를 지켜야 해요. 테드에게도 가서 말할 거예요. 두 사람이 서로를 좋아할 필요는 없지만 예의는 갖춰야죠. 이 회사에 일하는 사람이라면 누구나 지켜야 할 기본적인 사항이에요. 앞으로는 그렇게 해줄 수 있나요?

어쩌면 한 사람이 다른 사람에게 무례하게 구는 경우일 수도 있다. 그럴 때는 피해를 당한 직원에게 상황을 설명해야 한다.

☞ 테드에게 더욱 정중하고 존중하는 태도를 보이라고 지적했어요. 만약 테드가 태도를 고치지 않는다면 조치를 취할 수 있도록 내게 알려줘요.

---

10 | 직원이 너무 장황하게 대답합니다.

간단하게 필요한 정보만 듣고 싶은데, 직원이 횡설수설하거나 길고 장황하게 답한다면 상사로서 충분히 피드백을 할 수 있는 사안이다. 사실 할 수 있는 게 아니라 해야만 한다. 이런 언어 습관은 직원 자신에게도 업무적으로 부정적인 영향을 끼칠 수 있기 때문이다.

☞ 마틴, 하고 싶은 말이 있는데, 내가 뭘 물어보면 너무 자세하게 설명하는 것 같아요. 물론 자세히 설명해줘서 좋을 때도 있고, 자신의 업무를 잘 이해하고 있다는 것도 좋지만 보통은 나한테 그렇게 자세히 알려주지 않아도 돼요. 세부적인 사항은 알아서 잘 처리할 거라고 믿기 때문에 그냥 간단히 상황을 짧게

요약해주거나 핵심 내용만 알려주세요. 자세한 보고가 필요할 때는 따로 물어 볼게요.

구체적인 사례를 들어 설명하면 도움이 된다.

☞   조금 더 자세히 설명하자면, 아까 광고 디자인이 어디까지 진행되었는지 물었을 때도 내일이면 마무리가 될지 알고 싶었던 거였는데, 폰트에 대해 너무 자세하게 알려줬었죠. 물론 진행 과정도 중요하지만 실무자인 마틴이 알아서 잘하리라 믿고 있어요. 구체적인 내 의견이 필요한 사안이라면 나랑 상의하되, 그렇지 않을 때에는 담당자 선에서 처리해도 좋아요.

혹은 직원이 간단하게 설명할 수밖에 없도록 시간을 제한하는 것도 방법이다.

☞   X를 1분 내외로 설명해줄 수 있나요?

☞   회의 시간이 20분밖에 없는데, X, Y, Z에 대해 모두 이야기 나눴으면 합니다.

----

11 | 직원이 스트레스를 표출하며 사무실 분위기를 망쳐요.

자신이 스트레스 받았다는 것을 자주 표현하거나 스트레스를 잘 조절하지 못하는 사람은 자신뿐 아니라 주변 사람들에게까지 스트레스를 준다. 당신의 팀원 중 이런 직원이 있다면 일대일 면담을 하며 어떤 상황인지 파악해야 한다.

☞   요즘 스트레스를 많이 받는 것 같은데, 무슨 일이 있나요?

 어쩌면 당신이 도움을 줄 수 있는 문제일 때도 있다. 업무량을 조정하거나, 마감을 연기하거나, 프로젝트 진행을 더욱 효율적으로 할 수 있는 방법을 알려주는 것으로 직원의 스트레스가 해결될 수도 있다. 그러나 업무를 하면서 당연히 느낄 수밖에 없는 스트레스를 호소한다면, '그저 받아들이는 것' 외에는 별 다른 해결 방법이 없다면, 그가 현재 다른 직원들에게도 영향을 미치고 있다는 사실을 짚어주고 스트레스 관리를 위해 노력해야 한다는 점을 강조해야 한다.

☞   테드, 여러 사람의 의견을 종합해야 하는 것도 힘들고 가끔 마지막 순간에 갑작스런 변경 사항이 생겨서 스트레스를 받는다는 것도 이해해요. 그런데 테드

가 맡은 업무 성격상 어쩔 수 없는 일이에요. 자꾸 동료들에게 업무에 대한 불평을 늘어놓고, 회의할 때마다 하소연부터 시작하면 다른 사람들의 스트레스 지수도 높아지게 마련이에요. 동료들에게 피해가 가지 않도록 스트레스 관리에 좀 더 신경 써주겠어요?

직원의 대답에 따라 아래와 같이 덧붙여야 할 때도 생긴다.

☞ 스트레스를 느끼지 말라는 뜻이 아니에요. 스트레스가 많은 일이란 것은 잘 알아요. 스트레스를 받는 게 문제가 아니라, 스트레스를 잘 관리하지 못해서 다른 직원에게 영향을 끼치는 게 문제예요. 감당하기 어려울 때는 언제든 내게 와서 말하세요. 같이 해결할 방안을 고민해봐요. 다만, 다른 직원들의 스트레스까지 높아지는 상황은 피하고 싶어요.

---

12 | 직원이 심각한 실수를 했어요.

직원이 로봇이 아니고 사람인 이상 언젠가는 제법 심각한 실수를 저지르게 되어 있다. 이때 당신은 직원이 사안의 심각성을 인지하고 있는지 확인하고, 실수가 벌어진 원인을 파악해 이후 비슷한 일이 발생하지 않도록 사전 조치를 취한다. 반복되는 실수라면 근본적인 원인을 찾아야 한다.

실수를 한 직원을 질책하거나 벌해서는 안 된다. 실수를 저지르고도 태평해보인다면 이유를 물어야겠지만, 평소 성실했던 직원이라면 이미 자책하고 있을 터이므로 굳이 당신까지 나서서 책임을 물어선 안 된다.

☞ **우선 직원이 이 상황을 어떻게 판단하고 있고, 심각성을 인지하고 있는지 파악한다.** "컨퍼런스 때 어떤 문제가 있었던 건가요? 연설 순서가 변경되어 혼란스러웠던 점은 알지만 몇몇 VIP가 참여하기로 예정된 세션에 참석하지 못하는 일이 벌어졌어요. 어떻게 된 상황이죠?"

☞ **직원이 상황의 심각성을 모르고 있다면 알려줘야 하지만, 스스로 잘 알고 있다면 이 대화는 건너뛴다.** "상당히 큰 실수입니다. 기꺼이 걸음을 해준 중요한 분들에게 나쁜 인상을 심어줬을 뿐 아니라 일 처리도 제대로 못하는 회사처럼 보이게 되었어요."

☞ **앞으로 이런 실수가 반복되지 않으려면 어떻게 해야 할지 묻는다.** "이런 실수가 벌어진 이유에 대해 혹시 생각해봤나요? 어떻게 해야 우리가 같은 실수를 피할 수 있을까요?"

평소에 업무를 잘 했던 성실한 직원이라면 사안이 아무리 심각해도 단 한 번의 실수로 직원을 해고하는 것은 말이 안 된다. 더욱이 능력이 출중한 직원이라면 같은 실수가 벌어지지 않도록 알아서 더욱 주의를 기울이게 마련이다. 그러나 업무를 대충 처리한다거나 잘못된 판단을 하는 등 평소의 나쁜 태도와 습관에서 비롯된 일이라면 이야기는 달라진다. 이때는 실수뿐 아니라 전반적인 업무 태도에 대해 지적할 필요가 있고(3부 1번 대화 참고), 해당 직원이 맡은 업무를 잘 수행할 능력이 있는지 깊이 고민해봐야 한다.

---

13 | 제 실수로 직원에게 야근 요청을 해야 해요.

일정이 중요한 업무로 인해 직원에게 야근이나 주말 업무를 요구해야 하는 상황이 생기기도 한다. 합리적인 직원들은 업무의 특수성으로 빚어진 상황이라는 것을 대체로 받아들인다. 그러나 상사인 당신이 시간 안배를 잘못해서 생긴 실수라면, '어쩔 수 없는 현실'은 곧 '짜증나고 일할 의욕을 꺾는 상사의 갑질'로 둔갑한다.

  그렇다고 해서 절대로 있어서는 안 되는 일이 발생한 것은 아니다. 업무를 하다보면 충분히 벌어지는 일이고, 상사라고 해서 결코 실수를 피할 수 없다. 그러나 이런 일이 생겼을 때 사유를 정확히 밝히고(자기 책임이 아닌 것처럼 행동하면 직원들에게서 신뢰를 잃는다), 사과하고, 직원들의 노고에 깊이 고마워하는 모습을 보여야 한다. 더불어 이런 실수가 자주 벌어지지 않도록 앞으로는 더욱 노력해야 한다.

☞ 　내가 프로젝트 마감 일자를 착각해서 우리가 월요일까지만 끝내면 되는 줄 알
　　았어요. 그런데 알고 보니 내일 중으로는 인쇄소에 보내야 하는 상황입니다.
　　100퍼센트 내 실수예요. 내일 오전까지 최종안이 나올 수 있도록 도와줄 수
　　있나요? 야근을 부탁해서 정말 미안합니다. 급한 일이 아니었다면 절대로 야
　　근을 부탁하지 않았을 거예요.

위의 화법과 책임을 회피하는 화법을 직접 비교해보길 바란다.

☞ 　내일 인쇄소에 보내야 하니까 오늘 저녁까지 마감해주세요.

상사는 자신의 잘못도 인정하지 않는데, 그 뒤처리를 왜 우리가 떠맡아야
하냐는 불만을 키우고 직원의 화를 돋우는 화법이다.

14 | 피드백을 하면 직원이 눈물을 보여요.

제법 오랜 기간 어느 정도 규모의 직원을 관리하다 보면 언젠가 한 번쯤은 당신의 사무실에서 누군가 눈물을 보일 날이 온다. 주로 당신이 업무에 대한 부정적인 피드백을 줄 때다.

당신도 당황스럽겠지만, 눈물을 보인 당사자는 더욱 큰 당혹감을 느낄 것이다. 그런 이유로 만약 눈물을 약간 보인 정도라면 상사로서 할 수 있는 가장 큰 배려는 모른 척하고 대화를 이어나가는 것이다. 그러나 모른 척하기가 어렵거나 너무 냉혈한처럼 보일까봐 걱정이 된다면 이렇게 말하는 것이 좋다.

☞　감정이 격해진 것 같네요. 잠시 기다려줄까요?

직원이 자주 눈물을 보인다면, 이렇게 말한다.

☞　이런 대화를 힘들어하는 것 같은데, 제가 어떻게 해야 켈리가 조금 더 편하게
　　받아들일 수 있을까요?

어떤 내용인지 미리 이메일을 보내주면 좋을 것 같다는 이야기를 들을 수

도 있고, 그저 잠깐 추스를 시간이 필요하다거나 그 외 직원에게 도움이 될 만한 여러 가지 방안에 대해 듣게 될 것이다.

자꾸 우는 습관이 문제가 될 때도 있다. 만약 툭하면 눈물을 보여 다른 직원들이 대화를 꺼려하거나 조직 문화상 우는 모습을 자주 보이는 것이 평판에 악영향을 끼칠 수도 있다면, 직원에게 그 부분을 말해주어야 한다. 이 경우에는 직원의 마음을 헤아려 솔직하면서도 따뜻하게 말한다.

☞ 자신도 모르게 갑자기 눈물이 날 때가 있어요. 그런데 너무 자주 그러면 켈리에게 잘못이나 실수를 말하는 것이 어려워져요. 쉽게 고치기 힘든 것은 잘 알지만 내가 어떤 점을 걱정하는지 생각해주세요.

 독자 사연

직원들에게 '미안하다'는 말을 너무 자주 하는 걸까요?

몇 년째 일하고 있는 회사에서 승진을 해서 관리자 자리에 오르게 되었습니다. 새로운 역할에 적응하는 중인데, 제가 직원들에게 '미안하다'라는 말을 굉장히 많이 쓴다는 것을 깨닫게 되었어요. 제가 잘못을 했을 때만 쓰는 게 아니라, 친절하게 보이고 싶어서 혹은 분위기를 부드럽게 만들기 위해서 쓸 때가 많더라고요. 자꾸 이런 말을 하면 상사로서 권위가 떨어지는 걸까요? 사과를 할 만한 상황에서는 미안하다고 하는 게 맞다고 생각하지만(가령, '업무가 많은데 X까지 부탁해서 미안하지만 금요일까지 마쳐주길 부탁해요' 처럼요), 제 자신을 너무 낮추는 건가요?

------------------------------ SAY SOMETHING LIKE THIS ------------------------------

얼마나 자주 미안하다는 말을 하느냐에 따라 다를 것 같아요. 지금 말씀하신 상황에서는 이미 바쁜 업무에 더해 일을 더 주는 입장이니까 그 점에 대해 미안해하는 게 맞다고 보거든요. 만약 그러지 않는다면 나쁜 상사인 거죠.

한편, 직원에게 일을 시킬 때마다 사과한다면 분명 이상할 것 같긴 해요. 업무를 주는 것을 불편하고 겸연쩍게 여긴다면 직원들도 상사로서 충분히 할 수 있는 요구인데 왜 사무적인 태도를 보이지 않는지 의아하게 여길 테니까요.

그러니 결국 균형의 문제예요. 사과를 한다는 것 자체가 문제가 될 것은 없지만 너무 자주 "미안하지만……"이라고 한다면 자중해야 할 것 같아요.

직원에게 공감하는 모습을 보이고 싶다면 다른 방법도 많아요. 업무를 추가로 맡아주는 직원에게 진심으로 고마워하는 것도 방법이죠. 업무량이 많을 때 직접 나서서 도와주는 모습을 보이는 것도요. 바쁘지 않은 시기에 반차나 월차를 편히 쓰도록 독려하는 방법도 있죠. 이런 실제적인 방법이 "알아요, 정말 싫은 것도 잘 알고, 나도 이런 일 안 시키고 싶어요"라는 표현보다 훨씬 효과적이니 다른 방법을 적극 활용하도록 하세요.

다시 한 번 말하지만 적당한 '사과'라면 전혀 문제될 것이 없어요. 사과를 자주 하는지가 중요한 게 아니라, 관리자로서 당신이 무엇에 집중할 것인지가 중요해요.

15 | 직원이 다른 회사 면접 본다는 소식을 들었어요.

직원이 이직을 준비 중이라는 것을 알게 되었을 때, 흥분하거나 개인적인 감정으로 받아들이지 않는 것이 가장 중요하다. 해당 직원에게 죄책감을 느끼게 해서도 안 되고, 감정이 상했거나 배신당한 것처럼 행동해서도 안 된다. 이런 행동은 오히려 직원의 퇴사를 앞당기기만 할 뿐이다. 사회생활을 하며 이직은 흔하디흔한 일일 뿐, 당신에 대한 배신행위가 아니다!

또한 구직 소식에 당신이 이상한 반응을 보인다는 것을 다른 직원들이 알게 된다면 본인들의 차례가 되었을 때 비밀리에 이직을 준비할 거고, 그렇게 되면 정해진 퇴사 통보 기간보다 먼저 소식을 듣게 될 가능성도 적어진다. 만약 당신이 중요하게 생각하고 또 놓치고 싶지 않은 직원이라면 이렇게 말해보자.

☞ 마틴, 오해하진 말고요. 다른 회사 면접 본다는 이야기를 우연히 들었어요. 원치 않으면 지금 확실히 말하지 않아도 되지만, 다만 내가 마틴의 업무 능력을 무척 높게 평가하고 있고, 가능한 오래 이 회사에서 있어 주길 바란다는 점을 이야기하고 싶어요. 퇴사를 고려하는 중이라면 마음을 정하기 전에 이곳에서 더욱 만족스럽게 일할 수 있는 방법을 함께 고민하고 싶어요.

더불어 어떤 이유로 이직을 알아보고 있는지 생각해보는 것이 필요하다. 연봉이나 승진일 수도 있고, 혹은 업무나 동료에 대한 불만일 수도 있다. 회사에 남아달라고 확실하게 이야기하기 전에 상사로서 해결해줄 수 있는 문제가 있는지 파악해야 한다.

물론 절대로 놓치고 싶지 않은 직원이 아니라면 당신이 딱히 할 일은 없다. 그저 해당 정보를 머릿속에 잘 갈무리하고 상황이 어떻게 흘러가는지 지켜보면 된다.

직원에게 옷을 단정하게 차려입으라고 말하기가 쉽지 않다. 상사로서 익숙한 업무 피드백이 아니라 인신공격을 하는 것처럼 느껴지기 때문이다.

회사 밖에서라면 이상할 게 없는 옷차림이지만 회사 혹은 직무에 어울리지 않는 것뿐이다. 그러니 개인의 옷 스타일을 비난하는 것이 아니라 장소와 상황에 어울리는 차림을 요구하는 것이다. 이렇게 생각하면 개인적인 영역을 공격하는 것 같은 기분을 덜 수 있다.

또한 '직원이 옷차림이 아니라 업무로 주목받을 수 있도록 도와준다'는 생각으로 대화를 시작하면 부담을 덜 수 있다. 직원에게 호의적인 이유에서 비롯되었기 때문에 대화도 좀 더 편안하게 흘러갈 수 있다.

이렇게 생각을 정리한 후, 업무 피드백을 주는 것과 같은 어조로 대화를 한다.

☞   복장 규정이 보수적인 조직이기도 하고, 켈리가 좀 더 준비된 모습으로 회사에 오면 좋겠어요. 주름이나 얼룩이 심한 옷을 입거나, 구두 대신 스니커즈를 신고 오면 켈리의 직무에 어울리는 프로다운 모습과는 거리가 있어 보여요.

☞   항상 멋지게 옷을 입고 다녀서 좋긴 하지만, 어느 때는 회사에 어울리지 않게 노출이 심한 옷을 입기도 해서요. 조금 덜 파인 상의와 무릎 길이의 스커트를

입는다면 회사 분위기에 맞을 것 같아요.

☞   켈리, 항상 프로다운 모습을 보여줘서 좋지만, 사무실 분위기상 너무 짧은 스
     커트는 지양해주었으면 해요. 무릎 바로 위나 약간 아래 정도가 적당할 것 같
     아요.

자신만의 스타일을 찾아가고 있는 젊은 연령대의 직원에게는 당신의 경
험을 바탕으로 조언의 말을 전해줄 수 있다.

☞   아직 사회 초년생이라 회사에서 어떤 스타일로 옷을 입는 게 적절한지 판단하
     기가 어려울 거예요. 특히나 연봉도 아직 높지 않으니까요. 나도 몇 년 전에 비
     슷한 과정을 거쳤는데, 내 경우에는……

거창하게 직원과 일대일 면담의 자리를 가질 필요는 없다. 직원이 항상
부적절한 차림을 하는 것이 아니라면 짧게 "켈리, 테니스화는 회사 복장
규정에 어긋나요. 앞으로는 피해줄 수 있죠?" 정도로 언급하면 된다.

경력이 많은 상사조차도 힘들어하는 대화가 바로 직원에게 냄새가 난다고 말하는 것이다.

이렇듯 굉장히 민망하고 지극히 개인적인 사안에 대해 대화를 나누는 것이 익숙한 사람은 없겠지만 그래도 피할 수는 없다. 해당 직원의 평판에 영향을 끼치는 사안이고 이 직원이 고객을 만나거나 누군가 사무실에 방문할 경우에는 회사의 인상에도 영향을 미친다. 다른 직원들에게도 피해를 주고 있을지 모른다.

해당 직원을 따로, 가능하면 업무가 끝난 후 만나(그래야 직원이 몇 시간 동안 회사에서 수치심을 견뎌야 하는 상황이 안 생긴다) 솔직하고, 단도직입적으로 이야기하되 최대한 친절하게 말한다.

☞ 좀 민망한 이야기긴 한데, 기분 나쁘게 듣지 않길 바라요. 최근 당신한테서 냄새가 좀 나요. 옷을 더 자주 세탁하거나 자주 씻어야 하는 것일 수도 있지만 어쩌면 건강 문제일 수도 있어요. 사실 당사자는 잘 모르는 경우가 많아요. 내 이야기를 듣고 한번 생각해봐줬으면 해서 불렀어요.

다른 직원들의 불만이 접수되었다 하더라도 절대로 그 이야기는 꺼내선 안 된다. 당신 혼자만 눈치 챈 것처럼 대화를 이끌어야 한다. 여러 직원들이 지적했다는 것을 군이 언급해서 해당 직원을 더욱 난처하게 할 필요는 없다.

---

18 | 직원이 회사에서 늘 불행해 보여요.

항상 불만에 찬 표정을 하고 있는 직원이 있다면 어떤 문제가 있는지 대화를 나눠보는 편이 좋다('항상'이 핵심이다. 당신도 힘든 한 주를 보내는 것 뿐인 직원에게 갑자기 피곤한 질문을 퍼붓고 싶진 않을 테니까). 혹시 직원에게 당신이 해결해줄 수 있는 문제가 있는지, 업무를 하며 기대와 현실이 달라 고통받고 있는지 등 직원이 처한 불만족스러운 상황을 개선할 여지를 알아보는 것이 목적이다.

이런 대화는 가볍게 시작하는 편이 좋다.

☞ 　요즘 회사 생활 어때요?

이 간단한 질문 하나면 직원의 속내를 듣기에 충분한 경우도 있다! 그렇지 않은 경우에는 이야기를 끌어내기 위해 조금 더 노력해야 한다.

☞　　내가 오해한 것일지도 모르지만 요즘 힘들어 보여서요. 무슨 일이 있는 건 아
　　　닌지 모르겠어요. 만약 문제가 있다면 대화를 통해 함께 해결할 방법을 찾고
　　　싶어요.

만약 직원이 느끼는 우울함이 본인의 업무를 방해하는(혹은 동료에게 지장
을 주는) 정도라면, 이야기는 조금 달라진다. 위처럼 시작하더라도 대화의
방향을 다르게 해야 한다.

☞　　마틴, 최근 업무로 인해 많이 힘들어한다는 것은 잘 알아요. 촉박한 마감 일정
　　　문제도 있었고, 마음이 잘 맞지 않는 테드와 함께 일하는 것도 힘들다는 점 이
　　　해해요. 그러나 이런 문제들이 당장 사라지지 않을 거라는 것은 말해주고 싶
　　　어요. 마틴이 하는 업무상 어쩔 수 없는 부분이거든요. 계속 같은 문제로 같은
　　　대화를 나누는 것은 마틴에게도 그렇고, 솔직히 말해 내게도 그리 좋지 않아
　　　요. 마틴을 힘들게 하는 문제가 해결되지 않아도 다른 곳에서 업무 만족도를
　　　높일 방법을 찾아볼 수 없을까요? 만약 지금 하고 있는 일이 싫다면 마틴이 어
　　　떤 선택을 하든 내가 도울 수 있는 만큼 돕겠어요. 분명히 말하는데 마틴이 회
　　　사에서 나갔으면 좋겠다는 뜻이 절대 아니에요. 업무 능력도 출중하고 함께
　　　일하고 싶은 인재니까요. 하지만 매번 똑같은 문제로 이러는 것은 당신도 원
　　　치 않을 거라고 생각해요.

19 | 직원의 재택근무 횟수를 줄이고 싶어요.

업무 특수성을 고려해 재택근무가 가능하다면 직원들의 업무 만족도를 높일 수 있는 좋은 장치다. 그러나 업무에 필요한 급한 대화에 참석하지 못하거나, 동료들과의 접근성이 떨어지거나, 해당 직원의 업무를 사무실에서 근무하는 다른 동료들이 대신 해야 하는 상황이 계속될 경우에는 재택근무 횟수를 제한해달라고 요청할 수밖에 없다.

이때 당신이 바라는 바를 명확히 전달하고("재택근무를 줄이세요"보다는 "한 달에 이틀만 재택근무를 하는 게 좋겠어요"라고 말한다), 이유를 함께 제시해야 상사의 독단적인 결정이나 징벌적 조치로 보이지 않는다.

☞ 테드, 재택근무 하는 것에 대해 이야기를 좀 나누고 싶어요. 재택근무를 할 수 있는 여건이 된다면 장려하고 싶고, 또 산만하지 않은 환경에서 일하는 것이 얼마나 중요한지도 알고 있지만 사무실에 출퇴근하며 업무를 하는 것도 중요하거든요. 우리 업무 특성상 갑자기 회의를 하거나 논의가 필요한 상황이 많아요. 지난주에 이벤트 행사 장소에 문제가 생겨서 급히 해결해야 했던 것처럼요. 따라서 재택근무 횟수를 한 달에 이틀로 조정했으면 좋겠어요. 미리 정하지 않았기 때문에 테드가 잘못했다는 것은 전혀 아니에요. 다만 앞으로의 방향성에 대해 말하는 거예요.

20 | 성적 발언이나 차별 발언을 지적하고 싶어요.

어떤 직원이 성적·인종적 차별 발언을 하는 것을 들었다면, 다른 직원들이 그 말이나 행동의 대상이 되지 않도록 지켜줄 법적·도덕적 의무가 있는 상사로서 반드시 바로잡아야 한다.

직원들 앞에서 이런 이야기를 들었을 때 그 자리에서 바로 지적하지 않으면, 상사가 혐오성 발언에 동의한다는 암묵적 신호를 주게 되므로 업무 환경이 상당히 불편해질 수 있다.

발언을 들은 즉시 이렇게 대응한다.

☞　　그런 의미는 아니겠지만 문제가 될 수 있는 발언이에요.

☞　　이런, 우리는 인종과 종교를 가리지 않고 모든 고객과 직원을 존중해야 합니다. 지금 한 말이 진심이 아니길 바랍니다.

☞　　그런 발언은 용납하기 어렵습니다.

만약 그 상황에서 바로 지적하지 못했다면, 가능한 빨리 해당 직원에게 문제를 제기하는 것이 좋다.

☞　　조금 전에 한 말이 신경 쓰이네요. 물론 그런 의도는 없었겠지만 오해가 될 만

한 말이에요.

☞ 톰, 아까 했던 발언이 내가 잘 이해가 안 돼서 그러는데요. 저는 당신의 말을 ○○○라고 이해했거든요. 내가 제대로 이해한 것 맞나요?

☞ 회사에서 그런 발언은 용납되지 않는다는 점을 분명히 하고 싶어요. 성별/인종/종교를 떠나 상대를 존중하는 모습을 보였으면 합니다. 앞으로는 그렇게 해줄 수 있나요?

 독자 사연

저보다 나이 많은 부하직원이
저를 무시하듯 행동해요

최근 회사에서 새로 만든 자리에 부임했습니다. 저를 부서장으로 고용했고, 제 직속 부하로 프로젝트 책임자를 뽑았어요. 이제 막 첫 주를 마쳤어요.

그런데 프로젝트 책임자가 제 나이에 불만이 있는 것이 분명해 보입니다 (아마도 제가 스무 살쯤 어릴 거예요). 이런 식의 말을 계속 하거든요.

"이런, 상사가 내 딸 나이라니 기분이 이상하네요."

"젊은 나이에 승진이 빨라서 좋겠어요."

나이 이야기가 나올 때마다 농담으로 넘기며 대화를 전환하고 있지만, 이 직원이 매번 같은 뉘앙스의 이야기를 꺼냅니다. 어떻게 해야 할까요? 둘 다 회사에 새로 온 터라 우리가 같은 입장이라고 생각하나 봐요. 덧붙이 자면 제가 사실 그리 어린 나이도 나이고(서른일곱이에요) 동안도 아니에요 (고가의 기능성 화장품을 아무리 써도 효과가 없네요).

-------------------------------- SAY SOMETHING LIKE THIS --------------------------------

이런 상황에서 농담이 먹힌다면 상대방이 민망할 일도 없고, 어색한 대화도 피할 수 있으니 좋을 텐데, 안타깝네요. 하지만 농담으로 상황을 넘길 수 있는 것은 한 번뿐이라고 생각해야 해요. 메시지가 정확하게 전달되지 않으면 좀 더 직접적인 화법으로 말하는 것이 좋아요. 상사와 부하직원 관계에서 힌트를 숨긴 화법이나 대화의 주제를 전환하는 방식은 너무 수동적인 해결책이거든요.

이제는 정말 진지하게 말해야 할 때인 것 같아요. 당신의 나이에 대해 이야기를 할 때 대화를 멈추고 그 즉시 문제를 제기하는 식이죠.

"제인, 나이 차이에 대해서 자주 언급하시는 것 같아요. 물론 제인 입장에서는 받아들이기가 쉽지 않을 거라고 생각해요."

이렇게 말하고 상대방이 어떤 반응을 보이는지 살피세요. 무척 당황하거나 민망해할 수도 있고, 뻔뻔하게 나오면서 황당하다고 말할 수도 있겠죠. 상대방이 후자를 택한다면 이렇게 말씀하세요.

"제게는 그다지 이상한 일이 아니니 더 이상 이 문제로 서로 언

짧은 상황이 없길 바랍니다."

직원의 발언에 문제가 있다는 메시지를 전하기엔 충분할 거예요. 하지만 그 후에도 나이 얘기를 계속한다면, 새로 온 직장에 직원이 적응하는 과정에서 이런 발언의 빈도가 줄어드는지, 공격성이 약해지는지를 주의 깊게 살펴보세요. 시간이 지날수록 그런 말을 하는 횟수가 적어지고 그다지 악의적이지 않다면, 저라면 그냥 모른 척할 것 같아요. 어떤 말에도 동요하지 않는 모습을 보이고 당신의 권위를 사수하느라 사소한 것에까지 반응한다는 인상을 주지 않아야 진짜 강자처럼 보이거든요. 그러나 만약 이런 발언이 계속되거나 공격적으로 느껴질 때는 나서서 상황을 끝내야 합니다.

"나이가 일과 어떤 연관성이 있는지 모르겠네요. 자꾸 나이 이야기를 하는 이유가 있나요?"

그러나 제가 진짜 걱정하는 점은 따로 있어요. 젊은 상사의 나이 이야기가 그저 별 뜻 없다면 괜찮은데 자신보다 어린 상사에게 보고를 해야 하는 것이 큰 불만이라면 문제가 달라지죠. 그냥 좀 신경이 거슬리는 말이라면 무시할 수 있거든요. 하지만 이 직원이 당신을 상사로 대우하는 것에 큰 불만이 있거나 상사로서 당신의 능력을 의심한다면, 부하직원의 업무 문제를 지적하듯 사무적이고 객관적으로 문제를 제기하고 관계를 재정립해야 해요.

"제가 지시하는 업무에 불만이 있는 것 같네요. 무슨 문제 있나요?" 혹은 "제인이 X를 하기로 이미 이야기가 된 줄 알았는데, Y

를 했네요. 어떻게 된 거죠?"

만약 직원의 태도가 바뀌지 않는다면 이렇게도 말할 수 있죠. "제가 제인에게서 기대하는 역할은 X, Y, Z를 하는 것입니다. 앞으로는 그렇게 해줄 수 있나요?"

한편, 가장 좋은 방법은 나이 차이 문제를 전혀 인식하지 않은 것처럼 상대를 대하는 거예요. 물론 어색하겠지만 당신이 부서장 자리를 맡게 된 데는 분명 이유가 있으니 만사에 자신감을 갖고 행동하세요.

21 | 직원이 상습적으로 지각을 해요.

항상 지각을 하는 직원이 있다면 가장 먼저 생각해볼 것은 지각이 본인의 업무나 동료들에게 영향을 끼치느냐다. 지각이 업무 효율성에 전혀 영향을 끼치지 않는 직업도 많지만, 지각으로 인해 업무 성과가 낮아지고 다른 직원들에게까지 영향을 미친다면 상사인 당신이 나서야 한다.

지각을 문제로 처음 대화를 나눈다면 이렇게 말하는 것이 좋다.

☞   테드, 요즘 출근이 좀 늦는 것 같아요. 테드가 자리에 없으면 애니가 업무 전화를 모두 감당해야 하니까 앞으로는 반드시 9시까지 출근하도록 하세요.

문제 행동이 계속될 때는 좀더 구체적으로 이유를 물어본다.

☞   출근 시간을 지켜달라고 부탁했는데도 계속 지각을 해서 오전에는 업무 인력이 부족한 상황이에요. 어떻게 된 일인지 설명해줄래요?

직원의 대답에 따라 이렇게 말할 수 있다.

☞   출근길 정체 때문이라는 것은 잘 알겠어요. 나도 테드의 업무 시간을 유연하게 조정해주고 싶지만 업무 특성상 반드시 9시에는 출근을 해야 합니다. 앞으로는 집에서 좀 더 일찍 나와주길 바라요. 아니면 다른 방법을 생각해봤나요?

☞   매일 정시에는 출근해야 해요. 다른 직원들은 몰라도 테드는 9시부터 들어오는 전화를 처리해야 하는 자리잖아요. 탄력적으로 조정할 수 없는 업무인 만큼 테드가 시간을 잘 지키기 위해 노력할 방법을 찾았으면 하는데, 어떤 방법이 있을까요?

☞   아이 때문에 상황이 여의치 않은 것도 잘 알기 때문에 업무 시간을 유연하게 조정해주고 싶지만, 테드의 업무 특성상 반드시 9시에는 출근을 해야 합니다. 아이를 돌봐줄 사람을 구하거나 맡길 곳을 찾을 때까지 2~3주 정도 여유를 줄게요. 하지만 그 이후에는 출근 시간을 꼭 지켜주길 바라요.

스케줄을 조정해줄 상황이 된다면 이렇게 말해보자.

☞ 　아이 때문에 상황이 여의치 않다는 것은 잘 알겠어요. 그러면 업무 시간을 조
　　정해서 출퇴근 시간을 좀 늦추는 건 어떨까요?

---

22 병가를 낸 직원이 해변에서 휴가를 즐기는 사진을 SNS에 올렸어요.

우선 짚고 넘어갈 것이 있다. 병가를 낸 직원이 정말 집에서 쉬고 있지 않은 것이 확실한가? 휴가 사진을 늦게 올리는 사람들도 많기 때문에 병가를 낸 직원이 SNS에 사진을 올렸다는 것만으로는 꾀병을 부린다고 판단할 근거가 안 된다. 목감기로 침대에서 요양 중인 직원에게 '거짓말쟁이'라는 누명을 씌우는 상사가 되고 싶지는 않을 것이다.

　한편, 직원이 집이 아니라 휴양지로 위치 태그가 되어 있거나, 여행에 대해 현재형으로 글을 쓰는 등 몇 가지 확실한 정황이 포착되면 문제를 지적할 수 있다. 이때도 여행을 간 것을 문제 삼기보다는 갑작스럽게 병가를 내어 회사에 피해를 끼친 점에 대해 말해야 한다. 더불어 거짓말을 하는 것도 문제다. 두 가지 화법을 쓸 수 있다.

☞　**병가를 내고 어딜 다녀왔는지 알고 있다'는 어조의 절제된 화법**　어제 월차가 아니고 병가를 신청했던 것 맞아요? 페이스북에 휴양지에 있는 포스팅을 올렸길래요.

☞　**직접적인 화법**　어제 휴양지에 갔다고 쓴 게시물 읽었어요. 어제 병가를 낸 줄 알았는데. 뭔가 착오가 있었나요?

두 가지 화법 모두 직원을 비난하는 말로 시작하지 않는다는 점을 명심하길 바란다. 만약 당신이 잘못 생각했을 경우 관계가 악화될 수 있기 때문이다. 우선 정확한 정보를 요구하는 것부터 시작해야 한다. 만약 당신의 짐작이 맞았다면 이렇게 말할 수 있다.

☞　직원들 누구나 필요한 만큼 휴식을 취해야 한다고 생각하고, 또 휴가를 가라고 독려하지만 병가는 휴가와 다릅니다. 병가는 갑작스럽게 잡히는 거라 업무에 지장을 초래할 수 있어요. 앞으로는 갑자기 월차를 써야 하거나 휴가가 필요한 상황이 오면 나랑 상의를 해서 방법을 찾도록 해요. 그러나 병가는 정말 몸이 아플 때에만 쓰길 바랍니다. 그럴 때 쓰는 것이 병가니까요.

그럼에도 성실한 직원도 한 번씩 일탈을 할 때가 있다. 그간 훌륭한 태도를 보여줬던 직원이라면, 그리고 업무에 영향을 미치지 않는 일회성 사건이라면 그저 모르는 척 넘기고 대화를 하지 않는 편이 현명하다.

TIP

부하직원과 SNS 친구를 맺어야 할까?

페이스북 같은 SNS에서 부하직원들과 친구를 맺는 것은 문제를 초래할 수 있다. 원치 않는 정치 신념, 건강 상태 혹은 사생활 등에 대한 정보에 노출될 수 있기 때문이다. 혹은 3부 22번 대화처럼 병가를 내기 바로 전날 밤 밤새 클럽에서 시간을 보낸 사실을 알게 되는 등 당신을 갈등에 빠지게 하는 소식을 듣게 되기도 한다. 문제가 될 만한 소지를 차단하기 위해 부하직원과는 어떤 경우에도 SNS 친구를 맺지 않는 것을 원칙으로 삼는 편이 여러모로 깔끔하다.

23 | 직원이 자주 결근을 해요.

눈에 띄게 자주 결근을 하는 직원에게 우선은 "요즘 무슨 일 있어요?"라고 물어보아야 한다. 그러면 현재 위중한 병에 걸렸거나, 가족 중 환자가 생겨 병간호를 하는 등 업무에 소홀할 수밖에 없는 타당한 이유가 있다는 것을 알게 된다. 사유가 정당하다고 해서 결근을 용납해야 한다는 것은 아니지만 사유를 알아야 이야기를 풀어나갈 실마리를 얻을 수 있다.

☞ **직원이 계속 변명을 늘어놓을 때** 몇 가지 사정이 생겼던 것은 이해하지만 조금 더 책임감 있는 모습을 보여주길 바랍니다. 앞으로는 미리 얘기가 되었거나, 정말 피치 못할 사정이 있는 게 아니고서는 꼭 출근해야 합니다. 내가 말하는 피치 못할 사정이란 1년에 두세 번 정도예요. 약속해줄 수 있나요?

☞ **충분히 이해가 가는 상황이지만 결근을 줄이라고 말해야 할 때** 테드, 현재 힘든 시기를 겪고 있다는 것 잘 알고 있어요. 저로서도 무척 유감입니다. 그러나 결근이 잦아져 업무와 다른 동료들에게 지장을 줄 정도가 되었어요. 그래서 말인데 몇 가지 방안을 논의해보고 싶어요(업무 환경에 따라 임시로 시간제 근무를 시행해 업무량을 줄이거나, 단기 병가 혹은 휴가를 제안하는 등 직원이 전처럼 업무에 복귀할 수 있는 데 도움이 될 만한 몇 가지 방법을 생각해볼 수 있다).

24 | 문제를 맞닥뜨린 직원이 저에게 의존하려 합니다.

스스로 노력하기 전에 당신에게 문제 해결을 요청한다면, 직원에게 다르게 대처하길 원한다고 설명해야 한다.

☞ 테드, 문제가 있을 때는 기꺼이 돕겠지만, 가능하면 먼저 해결하려는 노력을 해보는 게 어떨까요? 내게 가져오는 문제 대부분이 사실 당신의 판단으로도 충분히 해결 가능하고, 또 조금만 고민하면 되는 문제들이거든요. 업무 매뉴얼에 나와 있는 사안들이기도 하고요. 여러모로 노력했는데도 안 되는 문제는 제게 물어봐도 되지만 우선은 혼자 해결해보면 좋겠어요.

그 후에도 혼자 감당할 수 있는 문제를 당신에게 물어본다는 생각이 들때는 이렇게 말한다.

☞ 그래서 어떤 해결책을 생각해봤죠?

☞ 이런 사안이야말로 테드가 직접 답을 찾아가야 할 문제예요. 문제를 해결하기 위해 어떤 것들을 시도해봤나요?

☞ 어떻게 하는 편이 가장 좋은 것 같아요?

---

25 | 직원이 새로운 도전을 두려워해요.

직원이 이미 너무 많은 업무에 시달리고 있어 새로운 프로젝트나 책임감을 마다하는 것일 수도 있다. 충분히 이해할 만한 사유이고, 이때는 상사인 당신이 직접 상황을 정리하거나 우선적인 업무를 정해주어야 한다. 그러나 익숙하지 않은 일을 두려워하는 것 같으면 직원과 대화를 나누어야한다.

새로운 업무라는 것을 당신도 잘 알고 있다고 밝히고, 왜 이 직원이 적임자라고 생각하는지 이유를 설명한 후 당신(혹은 다른 적합한 동료)이 도와줄 거라고 안심시킨다.

☞   테드, 새롭고 낯선 업무인 것은 알아요. 하지만 그간 X와 Y에 뛰어난 능력을 보여주었고, 새로운 일도 무척 빠르게 배우는 사람이라 잘 할 거라 믿어요. 일단 처음은 함께 고민하며 시작해보고, 잘 적응할 수 있도록 내가 도울게요. 켈리가 이 일을 해본 적이 있으니, 물어보면 많이 알려줄 거예요.

만약 낯선 업무에 습관처럼 거부감을 보이는 직원이라면 이렇게 말한다.

☞   테드, 새로운 업무를 꺼리는 경향이 있는 것 같은데, 한번 마음을 먹으면 새로

운 일을 정말 빨리 배워서 내가 감탄한 적이 몇 번 있어요. 지금 하는 일에서 더욱 성장하고 나아갔으면 하는 바람도 있고, 또 오랫동안 지켜본 바 이 일을 잘 해낼 수 있다고 확신해요.

직원이 반드시 맡아줬으면 하는 새로운 프로젝트나 책임감을 계속 거부한다면,

☞   무슨 말인지 잘 알겠어요. 하지만 테드가 맡아줘야 할 일이예요. 일단 진행해보고 한 달 후에 다시 이야기하도록 하죠.

직원의 반발이 무엇에서 기인하는지부터 제대로 파악해야 한다! 업무량이 지나치게 많다거나 직무 트레이닝이 필요한 경우 등 합당한 사유를 단순히 직원의 자신감 부족으로 오해하고 밀어붙이는 일은 없어야 한다.

---

26 | 직원이 본인 역량 이상의 업무에 욕심을 냅니다.

하고 싶은 일과 해야 하는 일을 착각하는 직원에게는 단도직입적으로 지

적하는 것이 가장 좋다. 직무 내용을 아주 현실적이고 솔직하게 알려주어야 직원이 이 일을 계속할지 말지 결정할 수 있다.

당신이 바라는 것과 달리 일반 사원이 관리자 업무에 욕심을 부릴 때는 이렇게 말할 수 있다.

☞ 테드, 좀 더 전략적인 업무를 원하고, 리포터와 인터뷰도 하고 싶어하는 것 같네요. 하지만 당신 업무는 블로그 게시물을 올리고 SNS를 관리하는 일입니다. 전략 회의에 참석할 일이 생기겠지만, 인터뷰를 하는 회사의 대변인 역할은 당신 업무와 거리가 멀어요. 직무를 정확히 이해한 후에도 이 일을 계속하고 싶다면 더할 나위 없이 좋겠지만, 그게 아니라면 당신 선택도 존중합니다. 생각할 시간을 줄 거예요.

뛰어난 인재라면 직원의 사기를 높이는 칭찬의 말을 덧붙이는 것도 좋다.

☞ 당신은 굉장히 다재다능한 인재라고 생각해요. 이곳에서의 경험이 이후 경력에 도움이 될 거예요. 회사에서도 당신 능력을 개발하는데 필요한 지원을 할게요. 하지만 현재 당신의 역할에 대해 분명하게 설명하고 싶어요.

직원이 저를 건너뛰고
제 상사에게 바로 보고를 해요.

직원이 당신과 말해야 할 사안을 당신의 상사에게까지 가져간다면, 당신이 상사에게는 알리고 싶어하지 않는다는 뉘앙스를 드러내지 않고 직원에게 문제를 언급하기가 쉽지 않다. 그러나 회사에 절차가 있는 데는 다이유가 있고, 이 절차를 따라야 한다고 말하는 것은 당연한 일이다.

☞　테드, 부장님께 X와 Y를 보고한 것으로 알고 있어요. 부장님이 이런 문제에 관여하지 않도록 내 선에서 처리하는 게 내 일이기도 하고, 부장님은 모르는 정보를 내가 알고 있는 경우가 많으니 이런 문제는 나를 먼저 거치는 게 맞다고 생각해요. 앞으로는 내게 먼저 와서 말하길 바랍니다. 우리 선에서 문제가 해결될 수 없을 때는 부장님께 보고하겠지만, 우선은 내게 먼저 찾아오길 바랍니다.

직원의 보고에 당신의 상사가 어떻게 대처했는지에 따라, 상사에게 추후이런 일이 발생하면 직원에게 당신을 먼저 거치라고 얘기해달라고 부탁해야 될 수도 있다. 만약 상사가 굳이 그럴 필요가 있는지 묻는다면 이렇게 설명하면 된다.

☞ 보고해야 할 문제이고, 또 제 선에서 해결하지 못했다면 직원들이 부장님께 상의하는 것이 당연하지만, 제가 먼저 상황을 알고 해결할 방안을 찾아보는 것이 맞다고 생각합니다. 직원들 눈에 제가 제대로 상황을 관리할 능력이 없는 상사처럼 비춰지는 것 같아 걱정이 됩니다. 만약 다음번에 테드가 부장님을 찾아온다면 저랑 상의했는지 물어봐주시고, 아니라면 제게 먼저 가서 이야기해야 할 사안이라고 일러주시겠습니까?

28 | 저를 친구 대하듯 하는 직원에게 선을 긋고 싶어요.

상사로서 직원들과 친근한 관계를 유지할 수 있지만 친구가 되어서는 안 된다. 본질적으로 당신은 직원의 업무를 객관적으로 평가하고, 냉정하게 피드백을 주고, 어떤 경우에는 직원을 회사에서 내보내야 하는 임무를 맡고 있기 때문이다. 또한, 특정 팀원과 친한 사이처럼 보인다면 당신이 아무리 공정하려 노력해도 다른 직원들에게 직원 한 명을 편애한다는 오해를 살 수 있다.

당신에게 지나치게 사적인 이야기까지 털어놓거나, 퇴근 후 따로 만나는 약속을 잡고 싶어하는 등 상사보다는 친구처럼 대하며 직장 내 관계를 위협하는 직원이 있다면 한결 단호한 입장을 취해야 한다. 약속을 거부하고, 대화가 너무 개인적으로 흘러갈 때는 얼른 방향을 바꾸는 등 몇 가지 신호를 줄 수 있다. 그러나 이런 노력에도 상황이 개선되지 않을 때는 단도직입적으로 문제를 언급해야 한다.

이런 이야기를 하는 것이 어색할 것 같은가? 물론이다! 그러나 불쾌하지 않은 어조로 객관적인 사실만 솔직하게 말한다면 누구도 민망할 상황은 벌어지지 않는다.

☞   테드, 몇 번이나 초대에 거절한 이유를 설명하고 싶어요. 테드가 좋은 사람인 것은 누구보다 잘 알고, 만약 같이 일하는 사이가 아니라면 개인적으로도 가까워지고 싶은 사람이에요. 하지만 같은 회사에 속해 있는 이상 나는 테드에게 훌륭한 상사가 되기 위해 노력하고 있어요. 내가 당신의 업무를 객관적으로 평가하고 피드백을 줄 수 있어야 한다는 뜻이에요. 상사로서의 역할이 모호해진다면 당신에게 문제가 있을 때 내게 찾아와 상의하기가 어려울 거라고 생각해요. 또한 다른 직원들이 내가 누구를 편애하거나 공정하지 않다고 생각하는 것도 원치 않고요. 따라서 테드와는 부하직원과 상사로서의 관계를 지키고 싶어요. 테드 같은 사람과 한 팀에서 함께 일할 수 있어서 기쁘게 생각하는 점은 알아주길 바라요!

29 | 친구의 상사가 되었어요.

심심한 위로를 전하고 싶다. 분명 힘든 일이다.

친구의 상사가 되었다면 이제는 관계가 달라져야 한다. 전처럼 친절하고 친근하게 대할 수는 있지만, 친구처럼 지낼 수는 없다. 함께 따로 점심을 하거나, 퇴근 후에 어울리는 일도 줄여야 한다. 두 사람 사이에 권력의 역학이 달라졌고, 이제 당신은 친구의 업무를 평가하고 친구의 생계에 영향을 미치는 의사 결정을 내려야 하는 책임자가 되었다.

프로답게 처리할 수 있다고 자신만만하겠지만(사실 진짜 문제가 생기기 전까지는 모두 이렇게 생각한다), 무엇보다 다른 직원들이 어떻게 생각하는지가 더욱 중요하다. 상사로서 당신은 누군가를 편애하거나 특별대우를 한다는 오해를 살 만한 행동을 해서는 안 된다.

가장 좋은 방법은 친구가 오해하지 않도록 자신의 입장을 솔직하게 설명하는 것이다.

☞ 마이클, 이제 내 입장이 좀 달라져서 예전처럼 지내기가 어려울 것 같아. 점심을 전처럼 자주 하는 것도 힘들고, 아무래도 거리를 좀 둘 수밖에 없는 상황이 되었어. 다른 직원들이 내가 너를 편애하는 것처럼 생각하는 것도 원치 않고, 이런 말을 굳이 하는 게 어색하긴 하지만, 그래도 내가 변했다고 생각할까봐,

전처럼 너랑 시간을 보내지 못하는 이유를 미리 말해주고 싶었어. 기분 나쁘게 받아들이지 않았으면 좋겠어. 이렇게 하는 게 모두에게 가장 좋은 방법인 것 같아.

---

30 직원이 동료들에게 부정적인 분위기를 퍼뜨립니다.

늘 툴툴대고 동료들에게 불평불만을 하지만 상사인 당신에게는 절대로 티를 내지 않는 직원과는 대화를 시도해야 한다. 그다지 심각하지 않더라도 부정적 기운을 계속 전파한다면 다른 직원들에게도 영향을 끼치고, 시간이 흐를수록 업무 환경이 나빠지며, 심지어 사내 분위기가 빠르게 악화될 위험이 있다. 그뿐만 아니라, 직원이 갖고 있는 문제가 타당한 것이라면 상사인 당신이 마땅히 논의하고 해결해야 한다. 권한을 갖고 있는 당신의 귀에는 들리지 않게 투덜대기만 한다면 아무도 득 될 것이 없다.

☞ 테드, 업무상 문제가 생길 때 내가 아니라 다른 직원들에게 먼저 이야기하는 것 같아요. 내가 당신의 문제를 해결할 수도 있고, 아니면 나와 대화를 하다보면 상황을 달리 생각하게 될 수도 있어요. 하지만 나를 찾아오는 대신 다른 직

원들에게 자꾸 불만을 제기한다면 상황을 변화시킬 기회를 잃게 되는 거죠. 또한 본의 아니게 테드가 사무실 분위기를 어둡고 부정적으로 만들 수도 있고요. 그러니 앞으로는 별다른 권한이 없는 동료들이 아니라 테드의 문제를 실질적으로 해결해줄 수 있는 나에게 상황을 말해줘요.

---

31 | 직원이 회의 때 혼자만 얘기하려 듭니다.

따로 직원을 불러 지적하기 전에, 회의 때 발언을 독점하는 직원의 주의를 환기시켜 문제가 해결되는지 몇 번 시도해보는 것이 좋다. 만약 이렇게 해서 해결된다면 '말 좀 줄이세요'라는 민망한 대화를 나누지 않아도 된다.

☞ 테드의 의견은 오늘 충분히 들은 것 같아요. 이제부터는 발언권이 주어지지 못했던 사람들의 의견을 들어보도록 하죠.

☞ 다른 사람들 이야기도 들어보고 싶은데, 이제부터는 다른 분들이 의견 좀 내줘요.

☞ 회의 안건이 많아서 우선 그 이야기는 잠시 후에 다시 하는 걸로 하죠.

☞ 좋은 의견이지만 시간상 더 깊이 논의하기는 어렵겠네요. 오늘 살펴볼 안건이 많아서요.

☞ 제나가 관련 업무를 해본 적 있으니, 이제 제나의 이야기를 들어보도록 하죠.

그래도 문제가 해결되지 않으면 해당 직원을 따로 불러 대화를 나눠볼 차례다.

.

☞ 테드, 회의 때 좋은 의견도 많이 내주어서 보기 좋아요. 하지만 다른 사람들의 의견도 내게는 중요하기 때문에 동등한 발언권이 보장되도록 테드가 도와주면 좋겠어요.

☞ 테드가 본인 의견만 말하면 다른 사람들이 의견을 발표하기가 어려워요. 테드가 봤을 때 다른 직원들이 충분히 발언할 기회가 없었다고 생각이 될 때는 발언을 참아주길 바라요.

이렇게 덧붙일 수도 있다.

☞ 어떤 안건에 대해서는 테드가 맡은 업무 특성상 해야 할 말이 많을 수도 있다는 것은 이해하지만, 팀 전체에 해당하는 안건이라면 팀원들 모두에게 공평하게 발언하는 시간이 주어져야 한다고 생각해요.

☞ 회의 때 열심히 하는 모습도 좋지만, 논의해야 할 사항이 많다는 것도 유념해주길 바랍니다. 최근 회의에서 살펴봐야 할 안건들을 모두 처리하지 못한 경우가 많거든요. 회의가 끝나갈 무렵까지 테드가 하고 싶은 말은 조금 참아줬

다가 시간이 허락한다면 우리에게 들려줘도 되고, 아니면 내 사무실에서 우리 둘이 따로 이야기를 해요. 그렇지 않으면 한두 개 안건만 논의하다가 회의가 끝나버릴 수 있으니까요.

---

32 | 직원이 자신이 원하는 답변이 아니면 받아들이지 않아요.

당신의 결정을 받아들이지 않고, 이미 거절했던 사안(프로젝트 할당, 자리 배치, 연봉 인상 등)을 계속 요구한다면, 상사로서 베풀 수 있는 선의는 단호하고 더욱 명확한 메시지를 주는 것뿐이다. 그래야 직원은 당신이 하는 말을 똑바로 들을 것이다.

당신이 줄 수 없는 업무나 주지 않을 업무를 하고 싶다고 여러 번 요청한다면 이렇게 말할 수 있다.

☞ 　테드, 이미 같은 대화를 몇 번 나눴던 터라, 이번만큼은 내가 더욱 명확하게 설명하려고 해요. 행사 관련 업무를 하고 싶어하는 마음은 알겠지만, 이미 인력이 충원되었으니 테드가 맡은 경영지원 업무에 집중하길 바랍니다. 변동사항

은 없을 거예요. 경영지원 일 외에 다른 업무를 맡길 생각이 없고, 앞으로도 그 생각은 변함이 없을 테니까요. 매번 같은 대화를 반복할 수만은 없으니, 자신의 직무를 명확히 이해하고 받아들이길 바라요.

보통 이 정도로 말하면 문제가 해결되어야 한다. 그러나 직원이 계속 요구한다면 이제는 고집을 꺾지 않는 태도를 문제 삼아야 한다.

☞ 테드, 내 말을 끝까지 잘 들어주세요. 이미 어쩔 도리가 없다고 여러 번 말했는데도 같은 요구를 반복하고 있으니까요. 당신에게 중요하다는 것도 알겠지만, 나도 방법이 없다고 이미 충분히 설명했어요. 매번 같은 대화를 반복할 수는 없어요. 자, 당신의 요구에 대한 내 대답도 이미 정해져 있고, 더 이상은 같은 말을 하는 것도 지치는데, 이제 어떻게 하는 게 좋을지 생각을 들어보죠.

---

33 | 직원이 월권 행위를 했어요.

직원이 자기 권한을 넘는 행위를 했을 때 가장 먼저 해당 직원이 본인에게 권한이 없다는 사실을 알고 있었느냐를 확인해야 한다. 직원의 권한이 어디까지인지 분명히 설명하고, 어느 경우에 상사인 당신에게 확인해야 하는지 미리 설명해주었는가? 아니라면 대화는 이렇게 접근해야 한다.

☞ 이런 사안에 대해 앞서 제대로 공지한 적이 없었네요. 윤리위원회와의 대화는 여러모로 위험 부담이 크기 때문에 앞으로 어떤 문제로든 윤리위원회와 연락하기 전에 나와 먼저 상의하도록 하세요.

이번 일을 계기로 전반적인 지침을 설명할 수도 있다.

☞ 위험 부담이 큰 사안, 가령 법적 문제나 공개 발언, 단체나 위원회에 관계된 일들은 나와 먼저 확인하는 편이 좋겠어요. 내가 승인하고 난 뒤 처리하는 것으로 해요.

그러나 만약 직원이 자신의 권한에 대해 이미 숙지하고 있었다면 이렇게 말한다.

☞ 원칙상 대변인이 해야 할 일인데, 어제는 테드가 직접 기자와 인터뷰를 가졌던 것 때문에 걱정이 되네요. 어떻게 된 일인지 설명해줄래요?

그 후 이렇게 덧붙이는 것도 가능하다.

☞ 테드, 회사에 이런 원칙이 생긴 데는 분명 이유가 있고, 또 이 원칙을 따라야

한다는 점을 이해했으면 좋겠어요. 앞으로는 사칙에 위배되는 행동을 해야 할 이유가 있을 때는 내게 먼저 상의하고 승인을 구하길 바랍니다. 독단적으로 개입하다간 위험한 문제가 생길 수 있어요.

---

34 | 직원의 업무 태도가 나빠요.

직원과 대화를 하기에 앞서, 정확히 무엇 때문에 '태도가 나쁘다'고 생각하는지, 구체적으로 설명할 수 있는지 따져봐야 한다. 그래야 직원의 기분이 아니라 행동에만 집중해 문제를 지적할 수 있다. 사실, 당신이 직원에게 바라는 선 안에서 행동한다면 직원이 어떤 기분을 느끼든 온전히 그들의 자유다.

또한 문제적 행동에만 국한해야 당신도 일반적인 업무 문제를 논하듯 사무적이고 객관적인 어조로 '나쁜 태도'를 지적하는 대화를 한결 편하게 할 수 있다.

☞   테드, 회의할 때 눈을 굴리며 단답형으로 대답하면 사람들은 당신이 억지로 이곳에 앉아 있는 사람처럼 느껴져 눈치를 보게 되고 대화도 끊깁니다. 왜 그

렇게 행동하는 거죠?

☞ 누구나 일을 하다보면 짜증날 때가 있지만, 테드가 동료들에게 신경질적으로 받아치거나 무례하게 말하면 직원들이 당신과 일하기를 꺼릴 겁니다. 어제만 해도 마틴이 예정된 전시회 목록을 요청했을 때 크게 한숨을 쉬며 혼자 알아서 찾으라고 말했잖아요. 테드의 업무에서는 동료들과 좋은 관계를 유지하는 것도 상당히 중요합니다. 다른 사람들이 당신과 대화 나누기를 피한다면 당신의 업무와 성과에 영향을 미치게 될 거예요.

☞ 테드, 최근에 환자에 대한 험담을 하는 모습을 자주 봤어요. 가끔씩 화가 날 때가 있겠지만 환자에 대해 함부로 말해선 안 됩니다. 요즘 들어 긍정적이고 따뜻한 태도를 유지하는 것을 힘들어하는 것 같던데, 내가 제대로 본 것 맞나요?

☞ 어제 회의 때처럼 다른 사람들의 의견을 비난하면 직원들이 새로운 아이디어를 말하는 것을 꺼리게 될 겁니다. 오가는 아이디어마다 극찬하고 독려하라는 뜻도 아니고, 아이디어에 개선점을 찾거나 잠재적 문제에 대해 지적하는 것도 좋아요. 하지만 뭐든 안 될 거라는 태도보다는 조금 더 긍정적인 마음가짐으로 대화에 참여하고, 문제를 해결할 방법을 함께 찾아주길 바랍니다.

관리자로서 대단히 힘든 일 중 하나는, 당신은 동의하지 않는 상부의 결정을 직원들에게 공지해야 하는 상황이다. 당신은 직원들 앞에서 조직과 상사의 결정을 존중하는 모습을 보일 의무가 있다. 반면, 자신의 의견이나 뉘앙스 없이 전달된 방침을 앵무새처럼 따라 읽기만 한다면 직원들에게서 신뢰를 잃고 팀 내 긴장감을 형성할 수도 있다.

당신이 반대하는 상부의 결정을 직원들에게 공지하거나 시행해야 할 때 어떻게 해야 할까? 침착하고 사무적인 어조로 우리 팀 외에도 중요하게 고려해야 할 다른 요소가 많다고 전달하는 것이 중요하다. 만약 팀원들이 해당 결정에 따른 부정적인 결과를 우려하며 타당하게 이의를 제기한다면, 추후 상부에 이런 문제들에 대해 다시 논의하는 방법도 생각해봐야 한다.

☞ 내 뜻과는 다른 결정이지만 회사에서는 다양하게 고려해야 할 부분이 있었고, 우리 팀만을 위한 결정을 내리긴 어려웠을 겁니다.

☞ X와 Y에 대한 문제를 제기했지만 회사에서는 다른 요소도 고려해야 했습니다. 우리 팀 외에도 이해관계 내 다양한 부분을 검토한 결과 사측에서 가장 타당하다고 여기는 결정을 내렸을 거라 생각해요. 그러나 X와 Y가 우리 팀에 심

각한 문제를 야기한다면 실질적으로 어떤 영향을 끼쳤는지 정리해서 회사와

다시 이야기를 나눌 계획입니다.

---

36 | 직원이 이야기를 하기에 앞서 비밀을 지켜달라고 요구해요.

직원이 비밀 면담을 요청하는 경우도 있다. 대화 시작 전에 직원이 무슨 말을 하든 비밀을 지키겠다고 약속하기가 쉬우나 위험한 선택일 수 있다. 직장 내 성추행이나 심각한 범법 행위 등 상사로서 조치를 취해야 하는 사안일 수도 있기 때문이다. 누구에게도 발설하지 않겠다고 약속한 후 그 약속을 지킬 수 없게 되면 앞으로 직원들은 당신에게 찾아와 대화하길 꺼릴 것이다. 이때는 이렇게 말하는 편이 현명하다.

☞ 최대한 비밀을 지키려고 노력하겠지만, 먼저 이야기를 듣기에 앞서 한 가지 말하고 싶은 것은 내가 100퍼센트 약속할 수 없다는 거예요. 관리자로서 공론 화시켜야 할 문제일 수도 있으니까요. 하지만 그런 일이 생긴다면 마틴이 내 게 말했다는 이유로 보복이나 피해를 입지 않도록 조치를 취할게요.

마지막 부분이 바로 직원이 염려하는 것일 때가 많으므로 먼저 언급함으로써 직원의 부담감을 덜어줄 수 있다.

---

37 | 직원이 사사건건 반발하거나 꼬투리를 잡아요.

사소한 요구나 결정에도 매번 트집을 잡는 직원과 함께 일하는 것은 상당히 괴롭다. 상사로서 "내가 시키는 대로 하세요"라는 말을 자주 하고 싶진 않을 테지만, 그렇다고 해서 끝없이 반복되는 대화에 휘말리고 싶지도 않을 것이다.

따라서 직원의 이런 태도가 어떻게, 왜 문제가 되는지 설명해야 한다.

☞ 테드, 잠깐 이야기 좀 할 수 있을까요? 최근 내가 지시하는 업무나 결정에 반대하는 모습을 자주 보이네요. 일주일에 최소 몇 번은 그러는 것 같아요. 테드가 궁금한 점이 있거나 더 좋은 아이디어가 있다면 언제든지 환영이지만, 내 입장에서는 사소한 이슈마다 논쟁하지 않고 업무를 진행시키는 게 우선입니다.

직원이 꼬투리를 잡는 문제가 무엇인지, 당신이 이 문제를 다시 논의할 의사가 있는지에 따라 아래와 같이 말할 수도 있다.

☞ 앞으로는 사소한 문제는 넘어가고 몇 주 후에도 여전히 그냥 넘어갈 수 없다는 생각이 들면 리스트를 작성해 다음 면담 때 함께 논의하는 게 좋겠습니다 (대부분의 경우, 몇 주 후에는 직원 스스로 그리 중요한 문제가 아니었다는 자각이 들 것이다).

 독자 사연

직원들의 사소한 문제점을 어떻게 바로잡을까요?

소프트웨어 스타트업에 근무하는 팀장입니다. 이런 회사의 특성상 '자유로운 업무 환경'이 보장된 조직이죠. 요즘 들어 제가 몇몇 문제를 제대로 관리하지 못한다는 생각이 듭니다. 가령, 직원들이 상사인 내게 굳이 보고하고 허락받지 않아도 된다고 생각하는 행동들이 사실은 내게 미리 말해 줬으면 하는 것들이에요. 예를 들면, 부적절한 상황에서 잠깐 휴식을 취하고 와도 되냐고 묻는 직원에게는 그 자리에서 문제를 제기하고 제가 직원에게 기대하는 바를 설명할 수 있어요. 하지만 좀 쉬고 오겠다고 통보하고 바로 사무실을 나가는 직원을 보면 머릿속이 캄캄해지며 뭐라고 말해야 할지 모르겠어요.

제가 전혀 예상하지 못했던 상황에서도 빠른 판단력으로 직원에게 부드럽게 문제를 제기할 방법을 찾고 싶어요. 다른 직원들 앞에서 말하면 수동적 공격성 행동으로 비춰질 것 같아 그러고 싶지는 않습니다. 이런 상황에서 좀 더 유연하게 대처하는 방법이 있을까요?

-------------------------- **SAY SOMETHING LIKE THIS** --------------------------

사무적이고 객관적으로 당신이 원하는 바를 밝혀도 됩니다. 상사라면 그렇게 할 권한이 있으니 어색하게 생각할 필요 없어요.

문제가 있을 때 지적하지 않는다면 상사로서 자신의 역할을 다하지 못하는 거예요. 그렇다고 해서 문제가 발생하자마자 바로 지적하라는 뜻은 아니에요. 매번 그렇게 할 수 있는 것도 아니고, 그 순간에 말하지 못했다면 적당한 때에, 시간이 너무 많이 지나지 않았을 때, 이야기 나눠도 돼요.

그러나 직원을 지나칠 정도로 비난해서도 안 됩니다. 당신이 해야 할 일은 자신감 있는 태도로 간단명료하게 당신이 원하는 바를 밝히는 겁니다.

☞ **직원이 잠시 쉬겠다고 말하며 업무의 흐름을 깰 때는 태연하게 이렇게 말하세요.** "애니, 가기 전에 그 일 먼저 처리해줬으면 하는데 30분 뒤에 휴식 시간을 가지면 어떨까요? 고마워요!"

☞ **회의 중에 직원이 방해할 때는 이렇게 말하세요.** "톰, 지금 이야기 중이었어요. 내가 하던 말을 마저 끝내고 톰의 이야기를

들도록 하죠."

☞ 직원이 만약 '선박업체 측에 예정된 기일보다 하루 늦춰 서류를 보내겠다고 연락하겠습니다'라고 말하고 당신에게 스케줄을 통보하면 이렇게 말하세요. "테드, 원래 일정을 지켰으면 합니다. 무엇 때문에 하루가 더 필요한 상황인지 들어봅시다. 그리고 일정을 연기하지 않아도 되는 방법이 있을지 함께 고민해봅시다."

중요한 것은 '그렇게 하지 마세요'란 메시지를 너무 크고 호들갑스럽게 들리지 않도록 하는 거예요. 당신은 그저 침착하게 자신의 권한을 행사하는 것뿐입니다. 직원들에게 친절하고 친근한 태도를 유지하되 당신의 의도를 명확하게(때에 따라서는 단호하게) 전달하는 거죠.

한 가지 주의할 점은 직원이 당신에게 허락을 구하지 않고 단지 알리는 것만으로도 충분할 때가 많다는 겁니다. 그러니 반대 의견을 내기에 앞서 정말로 직원의 행동을 통제해야 하는지, 당신에게 먼저 상의하지 않아도 된다는 심리가 거슬리는 것인지 분명히 생각해야 해요. 상사로서 직원들의 독립적 판단과 결정을 존중하고 독려하며 직원이 업무를 자율적으로 수행함으로써 직업적 역량이 성장할 수 있도록 도와야 합니다. 따라서 단순히 통제하고 싶다는 심리라면 자중해야 합니다.

38 | 자제력을 잃고 직원에게
쏘아붙이고 고함을 쳤어요.

아무리 훌륭한 상사라도 가끔씩 너무 화가 자제력을 잃고 직원에게 소리를 지르는 실수를 저지르기도 한다.

직원에게 잘못된 행동을 해 당혹스럽다면 사과를 해야 한다. 사과를 하면 상사로서 권위를 잃는 것 같아 망설이는 경우가 많다. 그러나 자신의 잘못을 인정하고 그 행동에 책임을 지는 모습을 보이면 존경심이 오히려 높아진다(이성을 잃고 직원들에게 고함을 지르는 경우가 잦거나, 사과를 한 후 뒤돌아서서 또 화를 내는 게 아니라면 말이다).

☞ 마틴, 어제 내 태도에 대해 사과하고 싶어요. 원래 정해졌던 계획에서 크게 벗어나는 것 같아 감정이 격해졌지만 그렇다고 해서 마틴에게 그런 식으로 말해선 안 되었어요. 마틴이 업무를 잘 해줘서 늘 고맙게 생각하는 마음이 있는데, 잘 전달되지 못한 것 같아 미안합니다.

중요한 점 한 가지! 직원들에게 자주 화를 내거나 소리를 지른다면 직원의 사기 저하는 물론 상사의 권위도 상당히 위험해진다. 본인도 느끼고 있다면 자신에게 어떤 문제가 있는지 곰곰이 생각해봐야 한다. 스트레스 지수가 높은 것일 수도 있고, 직원에게 지적해야 할 다른 문제가 있는데

엄한 일을 핑계 삼아 홧김에 터뜨리는 것일 수도 있다.

---

39 | 저의 원칙이나 결정이 잘못되었다는 것을 뒤늦게 깨달았어요.

상사로서의 삶은 스스로 완벽하지 않다는 것을 인정할 때 한결 가벼워진다(솔직히 말해 완벽할 수가 없다). 실수를 할 때도 있고, 잘못된 판단을 하기도 하지만 큰 문제는 아니다. 다만 이런 일이 벌어졌을 때 당신이 솔직하게 인정하는 모습을 보이는지는 중요한 문제다. 직원과 회사 내부의 신뢰와 신용을 얻을 수 있느냐가 달려 있기 때문이다.

☞ X 프로젝트에 대한 내 판단이 틀렸습니다. 다른 관점에서 들여다보니 마틴과 제나가 처음부터 주장했던 대로 Y를 진행했어야 한다는 생각이 듭니다. 따라서 Y로 방향을 바꾸려고 합니다. 완벽히 내 실수였음을 인정하겠습니다.

☞ 새로운 근무 시간 변경안을 따라줘서 고맙다는 말부터 할게요. 몇 달간 시행해본 결과, 내 바람과는 달리 업무 스케줄에 오히려 부담이 되고 있다는 생각이 듭니다. 차라리 예전의 제도로 돌아가는 게 좋을 것 같습니다. 다만 더 좋은 방법이 있을지 계속 고민해보겠습니다. 근무시간 문제를 해결하는 데 좋은 아

이디어가 있다면 누구든 제게 공유해주길 바랍니다!

☞ 지난주에 야근시켜서 미안해요. X 프로젝트를 그다음 날까지 해야 한다고 생각해서 부탁했는데 미처 예상치 못한 상황이 생겨 일정이 전반적으로 미뤄졌어요. 마감 시한 때문에 그날 저녁 일정도 모두 취소하고 업무를 해줘서 고맙게 생각해요. 결과적으로는 괜한 수고를 시킨 것 같아 미안합니다.

---

40 | 직원이 거짓말한 것을 알게 됐어요.

예전에 내가 관리하던 직원 한 명이 거래처에 중요한 이메일을 이미 보냈다고 보고했지만 정황상 이 직원이 이메일을 보내지 않았을 거라는 확신이 99퍼센트쯤 있었다. 내게 거짓말을 했던 것이 벌써 여러 번이었던 터라 직원에게 이렇게 말했다.

"내가 오해한 거라면 진심으로 사과하겠지만, 우선은 보낸 이메일을 찾아 나한테 보여줄 수 있을까요?"

한동안 굉장히 어색하고 불편한 침묵이 흐른 후, 그녀는 사실 이메일을 보내지 않았노라고 실토했다.

이 직원은 최후의 선을 넘었던 터라 회사에서 해고 조치를 할 수밖에 없었다. 거짓말이 항상 해고 사유인 것은 아니지만, 거짓말을 한다면 반드시 지적해야 한다. 눈속임으로 일하는 사람은 신뢰하거나 의지하기가 어렵고, 한 팀으로 일하기 위해선 무엇보다 당신이 믿을 수 있는 사람인지가 중요하다.

해고 사유까지는 아닌 거짓말을 하는 직원에게는 이렇게 말할 수 있다.

☞ 테드, 어제 자리를 비우며 내게는 제나가 테드의 업무까지 맡아주기로 했다고 말했지만, 제나는 전혀 모르고 있더군요. 어떻게 된 일이죠?

직원이 명확하게 설명하지 못할 때는 이렇게 덧붙인다.

☞ 나는 테드가 하는 말에 거짓이 없다는 확신이 필요합니다. 신뢰 관계가 깨지면 당신이 무슨 말을 하든 의심을 하게 될 텐데 서로에게 전혀 좋을 것이 없죠. 그간 좋은 모습을 보여주었으니 이번만큼은 테드가 잠시 판단에 착오가 있었던 것으로 이해하겠어요. 하지만 당신의 말을 신뢰할 수 있는지가 내게 상당히 중요하다는 점을 유념하길 바랍니다.

41 | 직원의 부모님이 회사로 연락을 해요.

육아 트렌드가 부모의 적극적인 관심과 참여로 바뀌면서 한 가지 특이한 현상이 나타나고 있다. 바로 자녀의 회사 생활에 부적절할 정도로 깊이 관여하는 나머지, 고용주에게 '왜 우리 애를 뽑지 않았어요?', '가족 휴가 때문에 그러는데 테드 사원의 휴가 신청 결재해줄 수 있어요?' 같은 전화를 거는 부모가 생겼다는 점이다. '말도 안 돼'라고 생각할 수도 있지만 사실 최근 몇 년 전부터 회사에서 심심치 않게 벌어지는 일이다. 내 경우, 변호사였던 직원의 어머니가 로펌 로고가 찍힌 편지지에 딸이 회사에서 겪고 있던 문제를 나열해 내게 항의하는 편지를 보내기도 했다(알고 보니 직원이 모친에게 있었던 일을 사실대로 밝히지 않았다).

만약 당신에게도 이런 일이 벌어진다면 장단을 맞춰줄 필요는 없다. 오히려 그렇게 해서는 안 된다고 보는 편이 맞다. 직장 상사에게 전화를 하는 부모들에게 본인의 행동이 얼마나 부적절한지 알려줄 필요가 있다. 직원의 문제에 대해 부모와는 대화를 나누고 싶지 않다고 말해도 되고, 말해야 한다. 그리고 나서 이유를 설명하면 된다.

☞ 인사 고과는 본인만 열람할 수 있는 정보입니다. 제3자와 논의할 내용이 아닙니다.

☞   아드님이 직접 제게 문의한다면 서류전형에 탈락한 이유에 대해 기꺼이 설명
       할 용의가 있습니다. 그러나 제3자에게는 공개할 수 없습니다.

그 뒤 이렇게 덧붙인다.

☞   참고로 말씀드리자면, 이런 전화는 오히려 아드님에게 나쁜 영향을 끼치고, 근
       무 평판을 심각하게 훼손할 수 있으니 앞으로는 자제분의 사회생활에는 개입
       하지 않는 게 좋을 것 같습니다.

---

42 | 사내 행사에서 직원이 술에 취했어요.

사내 행사는 사실 상당히 어려운 자리다. 사교 자리이기 때문에 사무실에
서보다는 긴장을 풀게 되지만 회사에서 주최하는 행사라 평판과 대인관
계에 상당한 파문을 몰고 올 수도 있다.

　사내 행사에서 지나치게 술을 마시는 직원이 있다면(해당 직원을 위해서
나 다른 직원들의 안위를 위해서라도) 상사로서 대화를 나눠야 할 의무가 있
다. 우선 이렇게 시작한다.

☞   테드, 최근 술자리에서 느꼈던 건데, 요즘 들어 취하는 모습을 자주 보이는 것

      같아요. 무슨 일 있어요?

직원의 대답에 따라 다음에 나올 대화는 필요치 않게 될 수도 있다. 직원
에게서 요즘 복용하는 약 때문에 그렇다는 이야기를 들을 수도 있고, 본
인도 도를 좀 넘은 것 같아 조심하도록 노력하겠다는 대답을 들을 수도
있다. 우선은 무슨 일이 있는지부터 묻고 상황을 파악해야 섣부르게 설교
를 늘어놓는 일이 안 생긴다.

  그러나 만약 직원이 위와 비슷한 답변을 하지 않는다면 이제는 이렇게
말해야 한다.

☞   테드, 당시 자리에 있던 사람들에게 꽤 공격적인 태도를 보였어요. 온전한 정

      신이었다면 하지 않았을 말들을 제나에게 하기도 했고요. 앞으로는 사내 행사

      자리에서는 술을 한두 잔 정도로 제한하는 게 좋을 것 같아요. 그간 좋은 모습

      을 보였던 직원인 만큼 본인 평판이나 동료들과의 관계에 영향을 줄 수 있는

      태도는 삼가는 게 좋겠어요.

안내데스크 직원이
사람들과 포옹하는 것을 너무 좋아해요

저희 회사 안내데스크 여성 직원은 굉장히 붙임성이 좋은 편인데, 사람들을 만나면 항상 포옹을 하려고 해요. 사내 직원들뿐 아니라 자주 회사에 찾아오는 외부 방문객들과 사무실에 자원봉사를 오는 사람들에게까지요. 얼굴을 아는 사람들과 포옹을 나누는 것은 일반적으로 넘길 수 있는 상황이에요. 하지만 생전 처음 본 외부 초청 연사에게도 포옹을 하는 것을 보고 정말 깜짝 놀랐어요.

그냥 인사로 하는 가벼운 포옹이 아니라 좀 노골적인 느낌이에요. 사람들의 관심을 끌려고 과장하기도 해요. 필요 이상으로 오래 포옹을 한다거나, 온몸을 밀착시키는 식이죠. 도무지 다르게 설명할 방법이 없네요. 성량도 좋은 편이라 멀리서도 포옹 뒤에 이어지는 특유의 인사말이 들려요. 안기니 너무 좋다는 식의 이야기를 큰 소리로 떠들거든요. 여러모로 무례하고 불필요한 행동처럼 보여요. 제가 비뚤어진 게 아니라 다른 사람들도 불편함을 호소하는 상황이에요.

이 직원에게 포옹을 하지 않는다고 선을 그은 직원들도 있고, 그냥 참아 넘기는 사람도 있고, 전혀 신경쓰지 않는 사람들도 있어요. 제게 그녀의 행동이 굉장히 프로답지 못하다고 불평한 사람도 있고요.

나중에 이 직원의 업무 평가를 해야 할 입장인데, 그때 이 포옹 문제에 대해 이야기하고 싶어요. 선을 지켜달라고 분명하게 말할 생각입니다. 하지만 어느 정도로 선을 지켜야 한다고 말해야 할까요?

------------------------ **SAY SOMETHING LIKE THIS** ------------------------

적당한 선은 저도 확실하게 말할 수 없지만 아마도 이 직원이 하는 행동에서 한참은 뒤로 가야 할 것 같아요. 일터에서 포옹이 용인될 수 없다는 것은 아니에요. 가끔씩 포옹을 나누는 회사도 분명 있지만, 인사를 무조건 포옹으로 해서는 안 되죠.

이 여성에게는 어떤 행동이 적절하고 적절하지 않은지 판단할 능력이 없다는 것이 여실히 드러나고 있으니, 보통 사람들이 생각하는 적당한 선을 설명하기보다는 이 행동 자체를 완전히 멈추도록 하는 것이 맞을 것 같아요.

업무 평가 때까지 기다리지 마시고, 지금 당장 말씀하세요. 업무 평가는 직원들이 생전 처음 듣는 이야기를 하는 자리가 아니에요. 1년 내내 직원들에게 업무 피드백을 주어야 합니다. 직원에게 경고도 없이 기습 공격을 해서는 안 되고, 평가 때를 기다리며 문제를 방치하는 것도 결코 좋은 관리자의 모습은 아니죠. 물론 공식적으로 약속된 자리에서 이야기를 하는 것이 편할 거라는 것은 이해하지만, 상사로서 자신의 책임을 다하지 않는 것과도 같아요. 이렇게 말해보세요.

"회사 방문객에게 항상 따뜻하게 응대해줘서 고마워요. 그러나 공적인 공간에서 포옹하는 것을 불편하게 느끼는 사람들도 있으니, 멈춰주었으면 좋겠어요. 개의치 않는 사람도 있겠지만, 불편하고 민망한 상황을 피하고자 내색하지 않는 사람이 많아요. 물론 따뜻한 환대를 보여주고 싶은 마음은 이해하지만 사람마다 신체적으로 허용하는 경계가 다르고, 특히나 일터는 아무도 불편함을 느끼지 않도록 각별히 신경 쓰고 조심해야 하는 공간입니다. 그러니 이제 포옹은 그만하세요."

분명하고 직접적으로 말해야 합니다. "포옹을 자제하세요"나 "가까운 사람들과만 하세요" 등으로 얼버무리시면 안 돼요. 지금껏 이 직원은 스스로 분별력이 부족하고, 누가 포옹을 편안하게 받아들이고 누가 그렇지 않은지를 가려낼 능력이 없음을 충분히 보여줬기 때문에 단도직입적으로 전달해야 합니다. 직원이 계속 다른 소리를 한다면 그저 이렇게 대꾸하면 됩니다.

"어쨌건 앞으로 포옹은 안 됩니다."

43 | 직원에게 선물을 사오지 말라고 부탁하고 싶어요.

상사와 직원이 선물을 주고받는다면 불편한 상황이 생길 수 있다. 상사와 직원이라는 관계 때문에 직원은 원치 않거나 감당할 능력이 안 될 때도 상사에게 선물을 해야 한다는 부담감에 시달리기도 하고, 특히나 다른 직원들이 상사에게 선물할 때는 특히나 압박감을 느끼기도 한다. 직원들에게 선물을 사오지 말라고 말하고 싶지만, 직원들은 선물을 살 생각이 전혀 없었는데 혼자 김칫국을 마시는 것처럼 보이거나, 당신이 나중에 갚아야 할 상황이 싫은 자린고비처럼 보일 수 있다. 그럴 땐 두 가지 방법이 있다.

☞ 사무실에서 선물을 주고받는 시즌이라 미리 말해 두는데 내게는 직원들이 각자의 자리에서 맡은 일을 잘 해주는 것보다 더 큰 선물은 없어요. 그러니 가족과 본인을 위해서만 돈을 쓰도록 하고, 나는 이렇게 훌륭한 직원들이 함께 해줘서 무척 기쁘다는 것만 알아두세요.

☞ 누가 선물을 줄 거라고 기대하지는 않지만, 혹시나 그럴 계획이었다면 마음은 고맙지만, 내가 아닌 가족과 친구들을 위해 돈을 쓰기 바랍니다.

선물 구매(혹은 선물을 사야 한다는 걱정)에 대한 짐을 덜어주기 위해서는 일찍 말한다.

그럼에도 직원이 선물을 전해준다면, 아주 비싼 고급 선물이 아니라는 가정하에, 기쁘게 받을 줄도 알아야 한다. 원칙을 내세우며 작은 선물조차도 거절해 직원의 마음을 상하게 하는 것도 나쁘다. 핵심은 직원이 당신에게 돈을 들여 선물을 사야 한다는 의무감을 덜어주어야 한다는 것이다.

44 | 직원에 관해 전해들은 문제를 지적하고 싶어요.

당신이 몰랐던 문제를 다른 사람에게서 보고받았다면 가장 이상적인 것은 그제라도 당신이 해당 문제를 직접 파악할 방법을 찾는 것이다. 예를 들어, 직원이 예정된 시간보다 일찍 퇴근한다는 이야기를 들었을 때는 퇴근 시간 즈음에 사무실에 잠시 들르는 식이다.

그러나 매번 그럴 수만도 없다. 근무 지역이 다를 수도 있고, 직원이 당신 앞에서는 동료들과 있을 때와 달리 행동할 수도 있다. 어쩌면 당신이 직접 관찰하기 위해 해당 문제가 재발되길 기다리기에는(고객에게 고함을 지르는 등) 사안이 너무 중대할 수도 있다.

전해들은 문제에 대해 조치를 취해야 할 때는 우선 당신이 보고받은 내용이 100퍼센트 진실이 아닐 수도 있고, 전체 내용을 모두 알고 있는 것도 아니라는 점을 명심해야 한다. 어쩌면 사실일 수도 있고, 어쩌면 필요한 정보를 이미 모두 갖고 있을 수도 있지만, 확실하지 않은 상황에서 직원이 잘못된 행동을 하고 있다고 가정하는 것은 해당 직원에게 너무 불공평한 일이다. 이 경우에는 이렇게 말한다.

☞ 테드, 전해들은 이야기를 신뢰하지 않는 편이지만 달리 확인할 방법이 없어서 직접 물어봐요. 당신이 켈리와 애니에게 심하게 화를 냈다는 이야기를 들었습니다. 어떤 맥락이었는지 정확히 모르기 때문에 이야기를 듣고 싶어요.

---

45 | 직원에게 승진 탈락 소식을 전해야 해요.

직원에게 기대하던 승진을 하지 못하게 되었다는 소식을 전해야 할 때는 탈락 사유에 대해 되도록 솔직하고 간단하게 전달하고, 직원의 역량을 칭찬하며 대화를 풀어간다. 더불어 이후 승진 심사에서 더욱 강력한 후보자가 되기 위해 어떤 점을 보완해야 할지에 대해 설명해주는 것이 좋다.

☞ 마틴, 홍보팀장 자리에 대한 심사를 마쳤는데, 외부 지원자를 임명하는 것으로 결정이 났어요. 실망스러운 소식일 줄 잘 알기 때문에 승진 탈락 사유에 대해 따로 이야기해주고 싶었습니다. 마틴은 기자들과도 관계가 좋고, 회사의 메시지를 창의적으로 전달하는 데는 특히나 뛰어난 능력을 갖추고 있어요. 다만, 팀을 관리한 경험이 조금 부족했습니다. 결과적으로는 규모 있는 팀을 관리해본 경험이 많은 지원자들을 좀 더 집중적으로 보게 되었어요. 홍보팀장의 자리에서 중요한 임무니까요. 그렇지만, 지난 한 해 동안 마틴만큼 빠르게 성장하는 직원을 한 번도 본 적이 없습니다. 지금 우리 기업이 이만큼의 미디어 장악력을 가진 데에는 당신의 역할이 컸어요. 올해 회사가 큰 성공을 거둔 것도 마틴의 활약 덕분이었습니다. 앞으로 더욱 성장해나갈 여지가 충분하다는 점은 꼭 알아주길 바랍니다. 다음 승진 심사 때 유리하려면 관리 경험이 필요한 만큼, 새로운 홍보팀장에게 마틴이 경험을 쌓을 수 있는 방법을 마련해달라고 부탁할 예정입니다. 앞으로 관리 경력을 쌓는 데 대해 궁금한 것이 있으면 언제든지 찾아와도 좋습니다.

만약 직원의 승진 경로가 마련되지 않았다면 이 역시 솔직하게 밝혀야 한다!

☞ 회사 규모가 작다보니 승진의 기회도 그리 많지 않을 거라는 것을 솔직하게 이야기하고 싶어요. 마틴의 바로 위 직급은 풍부한 경력을 갖춰야 하는 자리인데, 안타깝지만 우리가 마틴에게 이 경력을 쌓아줄 방법이 없습니다. 다시 말해, 승진에 필요한 경력을 얻기 위해 언젠가 이 회사를 떠나야 한다는 이야

기가 되겠죠. 만약 그때가 온다면 최대한 도와주겠습니다. 한편, 우리 회사에서 마틴이 정말 중요한 역할을 하고 있고, 가능한 오랫동안 함께 일하길 원한다는 점은 말해주고 싶어요.

---

46 | 연봉 인상 요구를 거절하고 싶습니다.

직원의 업무 의욕을 저하시키지 않으면서 연봉 인상 요구를 거절할 방법이 있을까? 직원에게 잘 설명한다면 물론 그럴 수 있다. 이렇게 하면 된다.

1. 직원의 요구를 경청한다.

인상은 말도 안 된다는 것이 당신의 솔직한 대답(속마음)이라 해도 직원이 생각하는 연봉 인상 사유를 알아야 하고, 또한 직원의 이야기를 경청하는 모습을 보여주어야 한다. 만약 직원이 인상 이유를 밝히지 않았다면 이렇게 묻는다.

☞ 어떤 점에서 연봉 인상이 타당하다고 생각하는지 자세히 듣고 싶어요.

2. 시간을 들여 생각해본다.

직원의 이야기를 들은 후에도 연봉을 높일 의사가 없다는 것이 확고하더라도, 고려할 시간이 필요하다고 말하는 편이 현명하다. 실제로 생각을 거듭하다 보면 직원의 연봉 인상이 필요하다는 결론에 이르게 될 수도 있고, 설사 아니더라도 일단 직원에게 상사가 충분히 고려한다는 인상을 남겨야 한다. 그러나 너무 오래 시간을 끌어선 안 된다. 특히나 원하는 답을 줄 수 없을 때는 직원을 너무 기다리게 하지 말자.

☞ 생각을 솔직히 말해줘서 우선 고맙고, 시간을 좀 줬으면 좋겠어요. 충분히 고려한 후 이번 주 내로 결정할게요.

3. 심사숙고한 후 직원의 요구를 들어줄 수 없다면 사유를 설명한다.

가능한 솔직하고 명료하게 설명하는 것이 좋다. 인사팀을 통해 직원 연봉 현황을 확인했다면 그 점도 언급한다.

☞ 테드, 당신의 연봉과 다른 직원들이 받는 연봉을 비교해봤고 업계 수준도 고려했습니다. 자료를 두루 살펴본 결과 테드가 하고 있는 직무에서 충분히 좋은 수준의 연봉을 받는다고 생각합니다.

☞ 지난 몇 달간 테드에게 몇 가지 부탁했던 부분이 있었어요. 프로젝트를 진행할 때 좀 더 주도적인 모습을 보여 달라고도 했고, 동료들과 의사소통을 명확하게 해달라고 부탁했죠. 테드가 변화된 모습을 보여주고 있지만, 좀 더 지속적인 성장을 보여준 후 연봉 인상에 대해 다시 이야기해요.

☞ 테드, 당신의 요구는 타당하다고 생각합니다. 그간 업무 성과도 좋았고, 당신 말처럼 책임감이 늘어난 것도 맞아요. 다만, 현재 회사가 예산 부족에 시달리는 상황이라 지금 당장 연봉을 높여줄 만한 여유가 없어요.

4. 추후 연봉을 높이기 위해서 어떻게 해야 할지 설명한다.

☞ 법률 업무를 한다면 연봉 협상에서 유리해집니다. 테드가 관심 있는 분야라면 관련 경험을 쌓을 수 있는 계획을 마련하겠어요.

☞ 앞으로 6개월간 일전에 말한 부분에서 눈에 띄는 성장을 보여준다면 연봉 인상을 다시 고려해보겠습니다.

☞ 테드, 당신의 역량이 부족한 탓이 아니라 회사 예산 문제 때문입니다. 회사 사정에 여유가 생기면 일순위로 연봉 인상을 고려해야 할 직원이 테드예요.

---

47 | 직원에게 해고 경고를 해야 해요.

직원의 업무 수행 능력이나 행동에 심각한 문제가 있고, 이러한 문제로 언젠가 직원에게 해고 조치를 내려야 할 것 같다는 생각이 든다면 반드시, 지금 당장 직원에게 이야기해야 한다. 상사가 직원에게 미리 주의를 주지 않아 직원이 이유도 모른 채 회사를 나가는 상황이 너무도 자주 벌어진다. 아이러니하게도 상사는 차마 직원에게 잔인한 이야기를 할 수 없다는 이유로 상황의 위중함을 미리 경고하는 대화를 피하지만, 사실 직원이 스스로 심각한 문제가 있다는 것을 깨달을 기회조차 박탈하는 것이 훨씬 잔인한 일이다.

그러니 말해야 한다. 누구나 어려워하는 대화인 것도 이해하고, 듣기 좋게 순화해서 전달하고 싶은 마음이 드는 것도 이해한다. 그러나 그러지 않아야 한다. 정확한 메시지가 전달되도록 분명하게 현 상황을 설명해야 한다.

☞ 테드, 일전에 다짐했던 대로 더 나아진 모습을 보여줄 수 있을 거라 믿지만, 문제가 생각보다 심각해서 자리가 위태로운 상황입니다. 그러나 당신이 회사의 기대에 부응할 수 있도록 내가 적극적으로 도울 생각이니 함께 헤쳐나갈 수 있길 바랍니다.

정해진 기간 내에 상황을 해결해야 한다면, 이렇게 말해보자.

☞ 테드, 일전에 다짐했던 대로 더 나아진 모습을 보여줄 수 있을 거라 믿지만, 문제가 생각보다 심각합니다. 다음 달까지 변화된 모습을 보여주지 않으면, 안타깝지만 해고 통보를 해야 하는 상황입니다. 그러나 당신이 회사의 기대에 부응하는 모습을 보일 수 있도록 최대한 도울 예정이니, 잘 해결될 거라 믿습니다.

48 | 직원에게
해고 통보를 해야 해요.

상사 입장에서 대단히 어려운 일 중 하나가 바로 직원에게 해고를 통보하는 것이다. 그러나 팀의 업무 수행 능력을 저해하는 문제가 있다면 이를 먼저 해결하지 않고서는 팀의 성장을 이끌 수 없는 만큼, 상사로서 가장 중요한 업무 중 하나이기도 하다. 또한 업무 성과가 낮은 직원은 다른 직원들의 사기를 저하시키는 요인이 되기도 한다(자신의 몫을 해내지 않는 동료와 함께 일해본 경험이 있다면 잘 알 것이다).

직원에게 해고 소식을 전하기에 앞서 유념해야 할 사항은 어떤 상황에서도 갑작스럽게 해고를 통보해서는 안 된다는 점이다. 직원에게 문제를 지적하고, 무엇을 어떻게 개선해야 할지 설명하고, 나아진 모습을 보이지 않는다면 해고할 수밖에 없음을 설명하는 대화가 오고간 뒤 해고 통보는 최후로 전해야 한다. 만약 이런 대화를 먼저 나누었다면 직원에게 해고를 알리는 대화는 이렇게 시작할 수 있다.

☞ 테드, 2주 전에 회사가 바라는 기준에 미치지 못하면 계속 함께 일하기가 어려울 거라는 이야기를 했었어요. 그동안 노력해준 것은 잘 알지만, 안타깝게도 더 이상은 함께하기가 어렵다는 결론에 이르렀습니다.

해고 통보에 앞서 직원과 몇 차례 대화를 나누며 직원의 문제에 대해서는 지적했더라도, 언제까지 기회를 줄 수 있는지 기간을 공지하지 않았다면, 직원에게 명확한 메시지를 주지 못한 것이다. 그때는 이렇게 말하는 것이 좋다(이번 일을 계기로 앞으로는 직원에게 더욱 정확하게 메시지를 전달하겠다고 다짐하길 바란다!).

☞ 테드, 지난 몇 달간 어떤 부분을 개선해달라고 몇 차례 부탁했었어요. 노력해준 것은 알지만 안타깝게도 내가 바라는 모습을 보여주지는 못했어요. 당신의 재능과 회사가 바라는 자질에 간극이 있다고 판단해 함께하기 어렵다는 결론에 이르렀습니다.

해고를 통보한 후에는 절차에 대해 설명할 차례다. 직원은 지금 당장 회사에서 나가야 할지, 당일 혹은 이번 주까지 근무를 해야 하는지, 퇴직금은 어떻게 정산되는지 등에 대해 궁금한 점이 많을 것이다. 따라서 직원이 묻기 전에 함께 설명을 해주는 것이 좋다.

☞ 오늘까지만 근무하면 됩니다. 나와 대화를 마치고 알아서 마무리 지으세요. 업무 인수인계는 따로 염려하지 않아도 됩니다. 월급은 이번 달 분까지 지급될 예정이고, 개인 물품은 직접 정리해도 되지만 혹시나 힘들면 내가 정리해서 집으로 보내줄게요 궁금한 점 있으면 편히 질문하세요.

해고 소식을 전할 때 몇 가지 중요한 사항이 있다.

- **해고 소식은 대화를 시작하자마자 알리는 것이 좋다.**

  직원의 충격을 완화하기 위해 빙빙 돌려 말을 꺼내면 직원은 해고가 아직 최종 결정 난 사안이 아니라고 생각하게 될 확률이 높다. 상사가 자신에게 업무 피드백을 주는 자리이고, 업무 평가가 나쁘다는 이야기를 하는 거라고 직원이 착각하게 두어선 안 된다.

- **대화는 비교적 짧고 간결하게 한다.**

  당신은 결정을 내렸고, 상대와의 토론이 필요한 사안이 아니다. 직원에게 당신의 결정을 알리고, 가능하면 직원의 노고에 감사 인사를 전하고, 이후 절차에 대해 설명하는 것으로 대화를 마쳐야 한다.

- **대화 내내 따뜻하고 친절한 어조를 유지한다.**

  상황이 이렇게 되어 안타깝다는 표현을 해도 된다.

---

49 | 동료의 해고 소식을 직원들에게 알려야 해요.

동료가 해고되었다는 소식을 직원들에게 알리는 것은 쉽지 않은 일이다. 어쩌면 팀원들이 예상한 결과이고, 당신의 결정에 충분히 동의를 표하며 문제가 해결되어서 안도하는 모습을 보일 수도 있다. 그러나 직원의 업무에 어떤 문제가 있다는 것이 사무실 누구나 알 만큼 뚜렷하게 드러나지 않는 경우가 많으므로, 동료의 해고 소식을 들은 직원들은 깜짝 놀랄 수도 있다. 후자의 상황에서는 직원들 간에 동요와 불안이 생겨나게 된다(직원들 입장에서는 해고 사유를 정확히 알지 못하고, 어쩌면 자신들도 해고 위험에 처해 있는 것은 아닌지 걱정한다).

한편, 당신은 해고자의 사생활과 명예를 가능한 만큼 존중해줘야 하므로, 꼭 필요한 경우가 아니라면 해고 사유를 알리지 않는 것이 좋다.

이때 가장 도움이 되는 것은 당신이 일반적으로 직원의 업무 문제를 어떻게 접근하는지 솔직하게 설명하는 것이다. 해고에 앞서 해당 직원에게 이미 충분히 경고를 했고 기회를 주었다는 사실을 직원들에게 알려줄 필요가 있다(직원이 공금을 횡령하거나 동료에게 주먹질을 하는 등 심각한 문제에 대해서는 두 번의 기회가 없지만 말이다).

상사가 독단적이고, 감정적으로 부당한 결정을 내린 것이 아니고, 본인에게 문제가 있을 경우 해고를 당하기 전에 기회가 있을 거라는 사실을 깨닫게 된다면 직원들의 동요는 금방 잦아든다.

그렇다면 직원들에게 동료의 해고 소식을 알리려면 정확히 어떻게 말해야 할까? 앞서 나온 기본적인 내용을 직원들과 공유했다면 너무 자세하게 밝힐 필요는 없다.

☞   오늘이 테드가 일하는 마지막 날입니다. 테드가 잘 마무리할 수 있도록 여러분들이 도와주시길 바랍니다. 바로 후임자를 물색할 예정이지만 그때까지는 톰이 임시로 프로젝트를 담당할 예정입니다.

자세한 내용을 설명해야 하는 상황이라면 이 정도로 말하면 된다.

☞　　테드의 사생활을 존중하는 게 맞지만, 일단 테드가 회사를 떠나게 되었다는
　　　소식은 전해야 할 것 같아요. 갑작스러운 소식에 놀라는 사람도 있겠지만, 한
　　　가지 분명히 말하자면 해고 결정이 테드에게는 갑작스러운 소식은 아닙니다.
　　　회사에서 해고를 결정하기에 앞서 어떤 문제가 있는지 당사자와 여러 번 대화
　　　를 하고 충분한 기회를 주려고 합니다. 굉장히 위중한 사유가 아니라면 느닷
　　　없이 해고 조치를 내리는 경우는 없으니 그 점은 염려하지 않길 바랍니다.

50 | 직원들에게 저의 퇴사 소식을 알리고 싶습니다.

상사인 당신이 회사를 나간다는 소식을 들으면 직원들이 가장 먼저, 가장
크게 고민하는 것은 앞으로 자신들의 운명이 어떻게 되느냐다. 새로운 상
사가 와서 팀이 대대적으로 변화를 맞이하게 될 것인가? 얼마 동안이나
상사가 공석으로 있게 될 것인가? 그동안에 업무는 어떻게 처리해야 하
는가?

　직원들의 질문에 모두 혹은 하나도 답할 수 없는 입장이라도, 현재 상

황을 정리해가는 과정이라 정해진 것이 없더라도 직원들에게 무슨 말이라도 전해주려 노력해야 한다.

☞ 시원섭섭한 소식이 있습니다. 제가 고민 끝에 다른 회사에서 홍보기획팀장 자리를 맡게 되었습니다. 여러분과 헤어져야 하는 생각에 마음이 무겁습니다. 함께 일할 수 있어서 영광이었고, 이곳에서 했던 일과 팀원들이 무척 그리울 거예요. 앞으로도 계속 연락하고 지낼 수 있기를 바랍니다. 부서에 어떤 변화가 찾아올지 궁금한 점이 많을 줄 압니다. 현재 상황을 정리해가고 있는 단계라 정해진 것은 없지만, 일단 저는 이번 달 말까지는 근무할 예정이고, 업무에 차질이 생기지 않도록 제 권한을 대행해줄 분에게 인수인계를 철저히 할 생각입니다. 제 뒤를 이어 책임자 역할을 하게 될 분이 곧 올 예정입니다. 일단 이 정도인데, 추후 더 정리되는 사안들이 있으면 여러분께 공유하겠습니다.

가만히 있는 것이 더 유리한 4가지 경우

나는 사람들에게 회사에서 기꺼이 목소리를 내라고 적극적으로 독려하지만, 말을 삼가야 하는 순간도 있다.

☞ **자신이 가진 자본이 적거나 없을 때** 직장에서 누구나 일정한 사회적, 전문적 자본을 갖고 있다. 여기서 자본이란 근무 기간, 직위, 사람들과의 관계, 업무의 중요성, 상사가 당신에게 품고 있는 개인적인 호감, 그간 사람들과 협조적으로 지내온 정도 등에 따라 결정된다. 만약 그간 쌓아온 자본이 적다면, 까다롭거나 민감한 문제에 대해 자신의 의견을 밝힐 위치라고 보기 어렵다(다만 정말 심각한 사안이라면 얘기는 달라진다. 예컨대, 직장 내 성희롱이나 안전 문제에 대해서는 때를 가리지 않고 밝혀야 한다).

☞ **더 큰 싸움을 앞두고 있을 때** 연봉 협상을 앞두고 있거나, 중요한 프로젝트를 맡고 싶은 상황이라면 상사를 찾아가 '제발 좀 스피커폰으로 통화하지 말아달라'고 요청하기에 좋은 타이밍은 아니다. 자신에게 현재 중요한 것이 무엇인지 파악하고 현명하게 판단해야 한다.

☞ **후련하기만 하고 실제로는 이득이 없는 사안일 때** 하고 싶은 말을 해서 아무런 소득이 없을지라도, 설령 상황이 더 나빠지더라도 그간 신경이 쓰였던 문제에 대해 말한다면 일면 속이 시원해지고 만족감을 얻을 수는 있을 것이다. 그러나 직장이란 특성상 자신의 만족감이 중요한지, 아니면 속시원히 말하는 대신 잃게 될 사무실 내 인간관계나 개인의 직업적 평판이 중요한지 잘 따져봐야 한다.

충분히 생각한 뒤에도 하고 싶은 말은 해야겠다는 결심이 들 수도 있다. 어디까지나 개인이 선택할 일이지만 자신의 말이 끼칠 영향력을 우선 고려는 해봐야 한다.

☞ **타이밍이 안 좋을 때** 만약 상대방이 현재 마감에 쫓기고 있거나, 집안 문제로 힘들어할 때, 혹은 당신의 업무에 심각한 문제가 있음을 지적한 직후라면, 까다롭고 민감하지만 그리 급하지 않은 사안을 언급하기에 좋은 타이밍은 아니다.

힘들고 괴로우면, 꼭 말을 해봅시다

이 책을 통해 당신이 불쾌하거나 변화가 필요한 상황이라고 여겨질 때 당당히 자신의 의견을 말해도 되고, 말해야 한다는 것을 깨달았길 바란다. 당신의 의견을 밝힌다고 해서 다른 사람과의 관계가 소원해지거나 긴장감이 형성되지 않는다. 무례하게 보이지 않고도 당신의 의사를 직접적으로 전달할 수 있고, 상대방의 기분을 상하게 하지 않고도 당신의 주장을 펼칠 수 있다.

이 책은 주로 일터에서 주고받는 화법을 다루고 있지만, 지난 몇 년간 이 책에 나온 조언들이 비단 직장뿐 아니라 가족, 친구, 연인, 배우자와의 대화에서도 통용될 수 있다는 이야기를 많이 들었다.

책에 소개된 주요 원칙들 가운데 당신이 어느 곳에서 누구와 대화를 하든 유용하게 쓸 수 있는 원칙을 다음과 같이 정리했다.

☑ **자신의 의사를 분명히 밝힌다.**

사람들이 당신의 마음을 알아줄 거라고 생각해서도 안 되고, 알아주지 않는다고 해서 전전긍긍할 필요도 없다. 타인에게서 무언가를 요구할 경우에는 직접적으로 밝히는 것이 당신에게도 그리고 상대방에게도 훨씬 이롭다. 친절한 화법과 솔직함이 더해진다면 대체로 모두에게 유익한 결과를 얻을 수 있다.

☑ **몇 번 부탁했는데도 상황이 나아지지 않으면 한 가지 문제에 국한되어 문제를 제기할 것이 아니라, 조금 더 전체적인 관점으로 설명하는 것이 좋다.**

즉 "당신, X를 또 했네요"보다는 "X로 인해 제게 어떤 문제가 발생했는지 여러 번 이야기했지만 개선되지 않고 있어요. 문제를 달리 해결할 방법을 생각해보면 어떨까요?"로 발전시킨다.

☑ **상대방이 선한 의도를 지닌 사람이라고 가정한다.**

상대를 적으로 생각하는 것보다, 함께 문제를 해결해나갈 협조적 관계에 있다고 생각하고 접근할 때 훨씬 좋은 결과가 나온다.

☑ **당신이 바라는 바를 분명하게 밝히되, 상대방은 다른 시각으로 상황을 보고 있음을 이해하고 그럴 권한이 있음을 인정한다.**

☑ **동의할 수 없더라도 비판의 목소리를 감사하게 받아들인다.**

아무리 생각해도 상대방의 피드백이 전혀 근거 없는 비판이라고 생각될 수 있지만, 그럼에도 다른 사람의 눈에 당신이 어떻게 비춰지는지를 깨닫는 것은 당신에게 큰 교훈이 되기도 한다.

☑ 우선 당신이 친절하고, 사려 깊으며 솔직한 사람이라는 인식을 충분히 심어주었다면, 하고 싶은 말은 뭐든 거의 다해도 큰 문제가 생기지 않는다.

물론 항상 이 원칙대로 할 수만은 없다(나 조차도 지키지 못한다는 것은 내 가족과 친구, 과거 동료들이 충분히 증명해줄 수 있다). 그러나 인간관계를 풀어나갈 때 이 원칙들을 유념한다면 당신이 바라는 결과를 얻게 될 확률이 훨씬 높아진다. 정중하지만 단호하게 당신의 목소리를 낼 때 더욱 행복하고 만족스러운 환경, 그러면서도 스트레스는 한결 적은 직장생활을 누리게 될 것이다.